# 01 家庭系统 I-H-HOME 模型

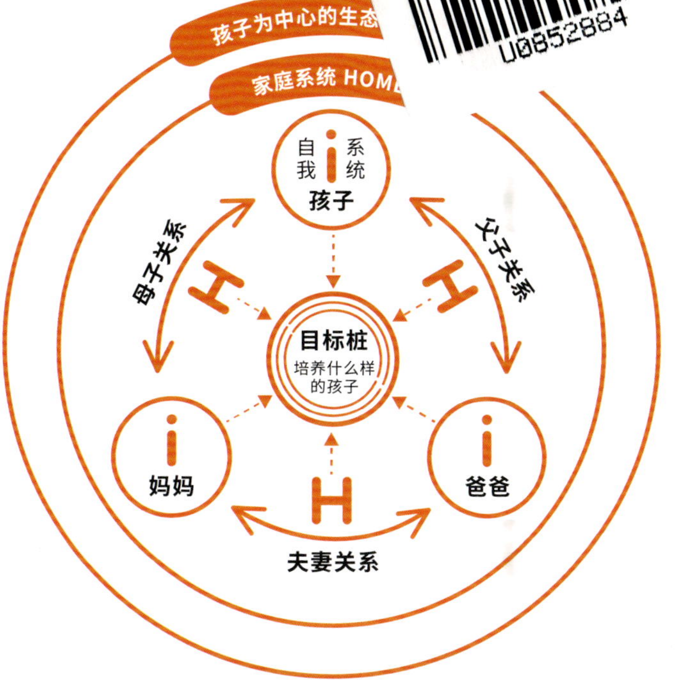


# 04 家庭教练发展脉络

16 世纪中期

COACH

教练的英文COACH意思是马车，意味搭载人送达目的地。目的地由客户决定，不是由马车决定。

1830 年

COACHING

牛津大学把COACHING定义为辅导……种称呼，而后延伸到体育界、艺术界……被教练对象提升自身能力，发挥出……

# 教练式养育的

## 02 青少年全人发展九宫格模型

九个维度彼此关联，相互影响，
组成了青少年丰富的世界

· 孩子有喜欢的人了
· 孩子和喜欢的人在一起了
· 孩子经历了分手，失恋了

**异性**

· 没有朋友/没有真心的朋友
· 如何面对好朋友的负面暗示
· 被同伴谩骂/欺负/孤立

**同伴**

· 学习有什么用
· 学习拖延，缺乏内驱力和目标感
· 有目标，没有行动

**学习**

**自我同一**

· 别人认为的我和自己认
· 理想中的我和现实的我

· 手机我都玩腻了，但是不玩手机我可以干嘛
· 虚拟世界比现实世界更好玩
· 如果我不会，我就交不到好朋友

**娱乐**

**家**

· 爸妈不理解我，
· 爸妈眼里学习l
· 千万别告诉我

**20世纪80年代**

**网球队教练**

哈佛大学的网球队教练添·高威成功在20分钟内用教练方式教会了一名不会打网球的女性学会打网球。而后出版了心理、教育、管理界闻名的书——《身心合一的奇迹力量》，首次把教练的方式融入人际关系、企业管理等领域。

老师的另一
等等，指支持
最佳水平。

献给在养育路上艰难但从未放弃的你

# 教练式养育

RISING TOGETHER

九场关键对话
托举孩子的一生

石思宇　范丽萍－著

中国人民大学出版社
·北 京·

# 爸妈们的雷区发言TOP 10

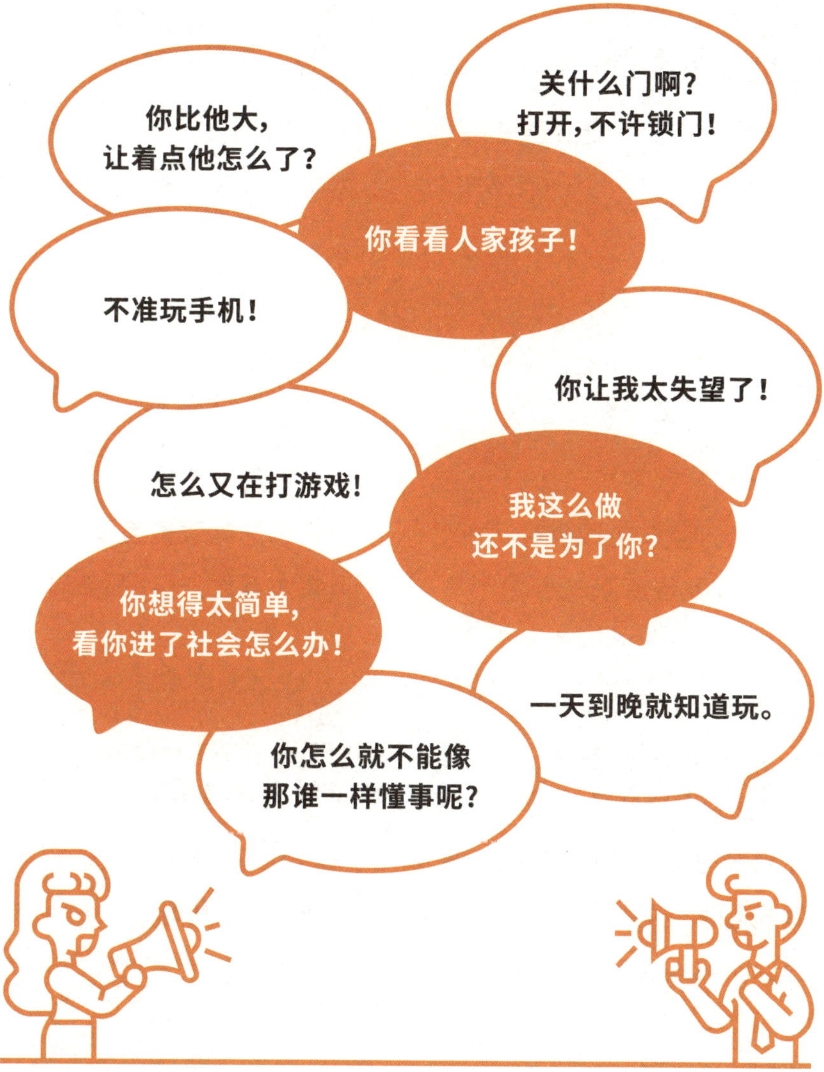

# 青春期孩子们的声音

**13岁 | 男孩**
来自成都

我希望爸爸妈妈活得久一点吧。多一点信任，少一点唠叨。

**15岁 | 女孩**
来自成都

天呐！看到我稀巴烂的中考成绩居然没打我。

**16岁 | 女孩**
来自济南

我爱你们，我不想和你们分开。我想你们可以在课余时间多陪一陪我，多理解我一点。

**15岁 | 女孩**
来自赣州

爸爸妈妈你们放心，我会变得更好更勇敢更强大，你们不要太着急，一切都要时间。

**10岁 | 男孩**
来自开州

在犯错时爸爸妈妈理解我，在做事时爸爸妈妈信任我，在遇到困难时爸爸妈妈帮助我。

**10岁 | 女孩**
来自重庆

不陪我玩，还不让我玩平板电脑。多陪我玩！

**16岁 | 女孩**
来自兰州

非常感谢之前你们对我的照顾，自从遇到了一个和我以前很像的人之后，好像理解你们为什么那么说我了。我需要一个能理解我，没有那么刻板的家长，可以不拿我和别人比的家长。

**17岁 | 女孩**
来自伦敦

我一直希望改变你们，因为我是那样的与你们的世界格格不入。现在我终于释怀，其实世界这么大，容得下我们所有人。过去的事都过去了，我终于发现我爱你们胜过一切。

**15岁 | 女孩**
来自上海

我们认识的其实挺突然的，都还没打过招呼、互相介绍。在我有认知前，我们就生活在一起了。你们在成为大人前，先成为父母。祖辈没有成为很好的父母，故我们相处间避免不了血泪，只好在跌跌撞撞间慢慢学会相处与交往。但幸好时间还长，我们都能慢慢变好，你们已经是这个悠长家族里最好的父母。

# 目录

## 第二章 家　庭

### 让家回归爱，家不再成为第二所学校



## 第三章 学　习

### 从被动到主动，每个人都是天生的学习者

## 第四章 兴趣爱好

### 从可有可无到必不可少，让兴趣爱好点亮生命意义

## 第五章　同　伴

### 从孤独到归属，支持孩子建立最需要的同伴系统

## 第六章 师生关系

### 从对立到合力，和老师做养育事业的最佳合伙人



## 第七章 异　性

### 从紧张到自然，让恋爱滋养心灵成长

## 第九章 偶　像

### 从盲目到榜样，发挥偶像正向的力量

# 导 言

从爱出发，

相信孩子向上向善的生命力

这不是一本关于“我们该怎么办”的书，而是一本关于“我们可以如何做”的书。我们在任何时候都可以做出不同的选择，并让这个选择成为对的选择。在跨越青春期的难题上，这本书以实践与案例为主，为父母、老师、教育工作者、心理工作者及整个社会提供一个新的选择——教练式养育。

这不是一本“批评指责父母”“归责原生家庭对错”的书，而是一本和父母站在一起的书。我们将陪伴父母把养育路上的阻力变成助力，达成既拥有爱，也拥有爱的能力的生命状态。

## 养育的生态观

家长们来找家庭教练时，常常会带着一种无力的问诊口气：“我的孩子这样那样了，您是专家，您说该怎么办？”

在大众眼里，青少年常见问题有这么四类：

1. 行为类：沉迷手机、过度游戏、疯狂追星、自律性差、总是拖延等。

2. 关系类：被霸凌或社交能力弱，朋友不多，和老师/父母起冲突等。

3. 情绪类：情绪很大，控制不住，父母也容易被点爆等。

4. 发展类：找不到内驱力或没有目标，觉得学习没有意义等。

父母的焦虑和急切，就像病痛者希望能找到一种快速止痛片，吃下去就不疼了。我们理解父母焦虑背后是对孩子的爱。但是，所有的止痛片都只是一时麻痹神经，解决不了本质问题。

如果把孩子的生命比作一棵树，孩子沉迷电子产品、没有学习动力等问题，就像树叶蔫了。树叶蔫了，园丁怎么办？想必园丁不会去掰树叶来让树叶舒展。藏手机、锁电脑都是掰树叶的做法。树叶蔫了，没有生机，园丁会检查施肥浇水是否足够，看看是否存在季节性虫害，检查土壤酸碱度是否合适，检测空气和水的质量，感知温度与大气状况等。总而言之，园丁需要去看看生态中的哪些因素影响了树的健康成长。

这就是本书的核心观点：养育的生态观。我们称之为青少年全人发展“九宫格”。

我们尝试把前面的“问题视角”切换成“宝藏视角”。

打一个比喻，每个孩子都是一个资源丰富的宝藏。所有宝藏的核心藏在九个宝藏区：自我、家庭、学习、兴趣爱好、同伴、师生关系、异性、娱乐和偶像。每个宝藏区都藏着青少年内驱力的动力和成长的财富，如果没有充分挖掘，可能也会导致青少年成长的卡点和青春期的烦恼。

青少年全人发展九宫格模型

更重要的是，这九个宝藏区形成了一个生态系统，相互影响，协作统一。例如，孩子打游戏，可能是因为好朋友都在玩，玩是为了满足社交需求；孩子讨厌上学，可能是不喜欢某位任课老师，或者和好朋友吵架了，不知道该如何面对；孩子突然想学好英语，可能是为了去见自己的女团偶像。所以，一个宝藏区可能藏着其他宝藏区问题的解法。

同时，这九个宝藏区都指向一个需要：发展自我同一性。这指的是在青春期这个阶段，青少年需要探索我是谁、我要成为谁，理想中的我和现实中的我如何一致，别人眼中的我和自己眼中的我是否一致。这是青春期的孩子是否能过渡并成长为人格完整、独立自主的成年人最重要的任务，也是充满挑战的成长课题。青春期所有的困扰、难题都源于孩子对自我同一性的追求与探索。

## 教练型父母

如何利用好每个宝藏区挖宝？我们不仅要解决问题，更要激发九宫格合力，支持青少年活出阳光、自洽、丰盈的生命状态。

为此，本书引出“教练型父母”及“教练式养育”的概念：相信孩子的本自具足，通过伙伴般平等的关系及对话方式，激发孩子的潜能（转化干扰），支持孩了活出最佳生命状态。

状态上：以爱为出发点，相信孩子向上向善的本质和力量。

方法上：看见孩子的内在世界；放下预设、如其所是地倾听；不带评判带上好奇的开放式提问；基于品质的肯定认可。

如果用一幅图来描述，教练型父母或教练式养育就是帮助孩子的“人”变大，“人”变大后，面前的小山坡对孩子来说就不是问题。孩子不仅能跨过一个小山坡，还能跨过许多类似高度的小山坡，拿到他人生中每个小山坡后面的宝贝，成为越来越有力量有智慧的人。所以，穿越事，回归人，把“人”变大，才是教练型父母关注的核心。这也是天下所有父母的心愿：希望自己的孩子越来越好，比父母都厉害，且这种好和厉害是健康可持续的。

**教练式养育的核心：人变大**

我们也希望这本书能先陪伴父母把自己的“人”变大，提升父母的心力和能力，再去陪伴孩子成为顶天立地的大人。

本书根据九宫格的九个宝藏区分为九个章节。每个章节都包含青春期孩子视角、父母视角、认知和技巧上的教练式支招，每个章节最后都有一个针对青少年的真实教练式对话案例。这本书里有专业心理学的理论，更有大量的真实养育案例。阅读每个章节末尾的教练式对话案例示范后，请试试用这样的方式与孩子交流，在和孩子的互动中，体会教练式对话和我们习惯的对话模式有何不同，体会教练式的状态和方法是如何润物细无声地赋能孩子、滋养关系的。尝试练习后，再慢慢找到自己舒服的方式与风格。同时，为了避免误解及遵守保密原则，所有客户名字都用字母代替，所有案例都做了部分改编和整合处理，有真实性但不完全是某一个人的故事，请勿对号入座。

这些教练式对话源于我们开创性地把企业中培养领导者、激发团队潜能常用的教练技术应用到了青少年教育领域，创建了中国第一个也是目前唯一一个国际教练联合会（ICF）认证的家庭教练培养与应用体系——国际认证家庭教练（CPFC）。我们通过上万个青春期家庭的案例实践，证明教练式的状态和方法能有效支持父母和孩子穿越青春期风暴，绽放自己，成就彼此。在日常生活中，教练式对话可以让每个青春期挑战都变成父母与孩子共同觉察、成长、心灵相伴的机会。

这本书并不是要教读者成为专业教练，而是把教练技术的精华融入父母与孩子的互动中，陪伴父母成为教练型父母。希望读者在生命中有不同的选择，用信任代替焦虑，用好奇代替评判，用爱代替恐惧，养育便不再是沉重的责任，而是在“九宫格”的生态系统中与孩子共同收获生命的宝藏。

对于如何使用本书，我们提供三种打开方式：

1. 浏览目录，从你最关切的话题切入。

2. 从当下最困扰你的养育维度切入。

3. 用 3 分钟做完下面的测试，从得分最高或最低的维度切入。

## 青少年全人发展九宫格家长自测

这里有 25 道关于青少年全人发展九个维度的测试题。在不问孩子的情况下，你是否都能马上说出答案？你有多了解自己的孩子？能否回忆起相关的具体事件和画面？看看你挖到了青春期孩子内在的多少宝藏。

【学习】

孩子学什么最快、最轻松？

孩子最近付出精力在努力学习的是什么？（不限于学校学科）

孩子最近学习上遇到的具体挑战是什么？

孩子最喜欢、最讨厌的学科分别是什么？原因是什么？

【兴趣爱好】

孩子自己真正的兴趣爱好是什么？

孩子最喜欢和同龄人分享的兴趣爱好是什么？

在做这件事时，孩子常说什么？有怎样的表现？情绪是怎样的？

【娱乐】

孩子会主动用哪些方式娱乐放松自己？

孩子最近最喜欢的综艺节目、电视剧、电影、歌曲分别是什么？

孩子喜欢的娱乐方式有怎样的共同点？

【偶像】

孩子最近在追的偶像是谁？是如何追的？

孩子欣赏这个偶像身上的什么特质？与孩子自己的特质有什么关联？

【家庭】

孩子和妈妈、爸爸相互常说的一句话 / 做的一个动作是什么？

家里近 3 个月发生的哪件事对孩子的情绪影响最大？

最近一次你认为一家人彼此高质量陪伴是什么时候？

【师生关系】

孩子最喜欢、最反感的老师是谁？原因是什么？

孩子的哪几位老师对孩子的成长影响较大？

孩子最近两周和你分享了与老师之间的什么故事？

【同伴】

孩子有几位关系要好的朋友？你判定“要好”的标准是什么？

孩子常常和好朋友聊什么、做什么？

在交友方面，孩子欣赏他人的哪些特质？不欣赏、不认同的特质是什么？

孩子是如何面对和同龄人之间的小矛盾的？

【异性】

孩子有多少位关系好的异性朋友？

孩子有谈恋爱 / 暗恋的对象吗？他 / 她身上有哪些特点吸引了孩子？

孩子上次和你分享与异性间的互动是什么时候？分享了什么？你如何回应的？

这些问题你回答得怎么样？这些问题难住你了吗？有多少问题你能马上说出答案？有多少问题需要想一想再给出答案？还有多少问题是不知道且没印象的？

**如果有 1 ～ 10 题答不上来：**

说明你们的亲子关系良好，孩子信任你，愿意与你分享他的世界，你也是个很好的倾听者与陪伴者。这本书会帮助你与孩子建立更深度的沟通，从他的分享中了解事情背后他的感受、需要、想法、观点、期待；用他最需要，也最适合他的方式支持他健康快乐地成长。

**如果有 11 ～ 15 题答不上来：**

你们的亲子关系可能时远时近，孩子对你有所保留甚至一定程度的抗拒，不愿与你分享太多他世界里的事情，可能因为你没有表现出兴趣，或对他的所作所为有较多评判甚至指责，或总喜欢给建议而不是听他说。那么这本书会助你找到增进与孩子关系的办法，帮助你走进孩子的内心，全面地感知、了解他的成长现状，给他最需要的支持。

**如果有 15 题以上答不上来：**

你们的亲子关系可能正在渐行渐远，孩子大部分时候对你是关闭的状态，不太愿意与你分享，把你隔绝在他的世界之外。孩子认为你不理解他，不支持他，不懂他。你也为这样的亲子关系现状而苦恼，焦虑着急，力不从心，无可奈何。但是别着急，这本书会最大限度地帮助到你，支持你找到现在亲子关系的卡点，找到孩子当前挑战的卡点，了解背后的原因，获得真正的解法。让你重建与孩子相互信任的亲密关系，把每个挑战变成与孩子共同成长的机会。

每当你遇到青春期养育难题，请翻开这本书。

青春期孩子的内心藏着他们成长所需的一切资源，只要找到对的路、对的钥匙，我们就能收获这些宝藏，变“青春期”为人生“宝藏期”。

本书就是通往这些青春期宝藏的地图。

各位读者，准备好，寻宝之路已经开启！

## 第一章

# 自　我

从迷茫到自信，

我就是我，不一样的花火

如果把青春期比作一段旅程，这段旅程就是一段以“穿越迷茫，寻找自我”为主题的英雄之旅。主角是孩子，目标是穿越迷茫，成为能引领自己人生的英雄。

从心理学的角度来说，青春期是个体从孩子走向成人的过渡阶段。面对日益复杂变化的世界，他们正学着如何做出对自己负责的选择，为离家、自立、建立新的自我做准备。旅途一开始，他们就向世界宣告：我将为自己的生命做主。所以，青春期的孩子最需要的就是被当作独立的个体受到尊重。

其实，父母们常说的“叛逆”是孩子成长的一部分，是他们建立自我意识、身份认同、自立自信的必经阶段。如果有个成年人和我们的想法不一样，不接受我们的建议，我们一定不会给他扣上“叛逆”的帽子。

如果为这段旅程标注几个重要的时间点，大部分家长可能会标出小升初、中考、高考，似乎青春期的一切都围绕着升学进行。升学的确是重要的人生节点，受到父母和社会的关注也是一件自然和正常的事情。同时，青春期孩子面临着同伴人际关系的困扰、身体的快速变化、青春期情绪的敏感多变、学业的压力等多重挑战，所以他们一方面感受到自己在各方面比童年时更有主张和力量，另一方面又感受到重重的困难和对未来的迷茫。这种复杂和矛盾也是青春期孩子的普遍感受。

很多父母和孩子都困惑：青春期太重要了，但是问题应接不暇，该怎么办？就像射击时，面对多个靶子，手忙脚乱地不知道该射击哪一个。其实，万变不离其宗，父母需要陪孩子瞄准的最重要的靶子，在心理学上叫作完成自我同一性。相比中考和高考等外显目标，完成自我同一性的内在目标是青春期的孩子成长为人格完整、独立自主的成年人的旅程中最重要的任务。这个任务完成得好，孩子外显目标的实现才有基础和内在力量，孩子才能真正成长为引领自己人生的英雄。

什么叫作自我同一性？我们将从理论与实际两个角度分别诠释。

美国心理学家埃里克森提出了著名的“人格发展八阶段理论”，指出人生的每个阶段都有一个需要完成的心理发展任务。其中，青少年期（12 ～ 18 岁）人格发展的核心任务是自我同一性。

自我同一性又称自我认同，可以用两句话简单阐释：别人眼中的我和自己眼中的我是否一致？理想中的我和现实中的我是否一致？别人和自己、理想与现实互相影响，逐渐形成对“我是谁”的认同和统一。这种统一对他们的胜任感（我能不能够）、价值感（我有没有用）、归属感（有没有人喜欢我，我属于哪里）又会带来决定性的作用。

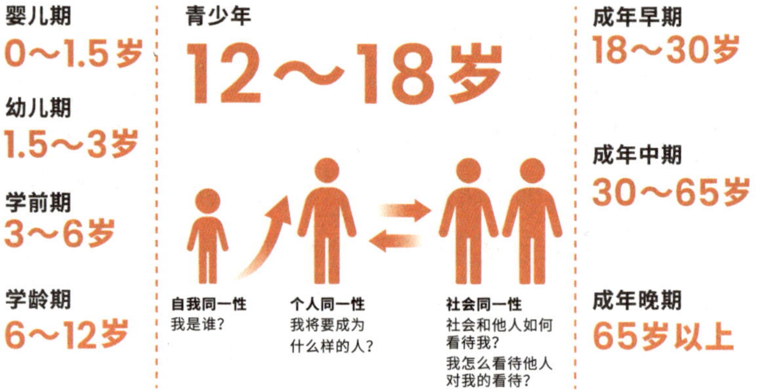


**人格发展八阶段理论**

例如，小A同学通过努力获得了一场英语演讲比赛的第三名，也获得了外界（例如老师、同学、父母）的认可。如果他们觉得小A是一个英语水平高、勇于表达的同学，小A自己也感受到自己英语水平高，公开表达能力不错，这样的认同和认知会让小A潜意识不断强化和证明这一点，所以小A很有可能英语水平越来越高，也越来越愿意积极表达。假设在这场比赛中，小A想获得第一名，结果获得了第三名。小A有喜悦，因为班上只有自己获奖了；小A也有不安，觉得以自己实力可以得第一名，辜负了大家。如果外界（例如老师、同学、父母）感到惋惜，关注失误，给出的反馈（不仅指语言反馈，包括眼神、想法等）更多表达的是小A临场应变能力还不够稳定，错失了为班级争取最高荣誉的机会，这样的反馈可能会强化小A觉得自己确实临场应变能力不够稳定的认知。那么，小A在后续比赛或考试中就大概率会感到过度紧张。虽然他的实际能力比他自己认知的更高，但紧张的情绪会影响他的发挥。在外界的反馈之下，他潜意识里认同了自己不够好。

既然自我同一性如此重要，那么如何实现呢？如果不实现，会有什么结果和影响？我们用自我同一性的四种状态模型来解答这两个问题。

实现自我同一性涉及两个关键因素：一个是意愿上的投入和承诺，青少年越是自我认同，就会愿意投入越多、承诺越多；另一个是行动上的探索，通过探索和体验，青少年才能找到满足内心且适应现实的选择。

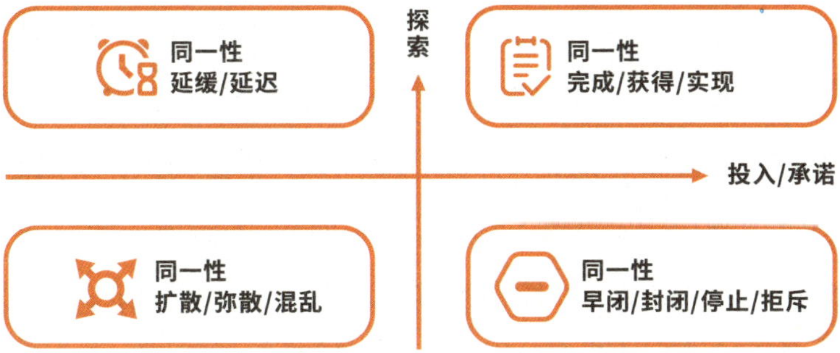


自我同一性的四种状态

如果小A按照自己的意愿不断探索，逐渐清晰我是谁、我擅长什么、我喜欢什么，这就是一个不断完成、获得和实现自我同一性的过程。如果小A没有太多探索，被外界（例如父母或老师）期待或要求长大就要做一名工程师，小A听话照做了，这个很可能是同一性早闭/停止的情形。长大后，小A可能不知道自己到底喜欢什么，自己到底是什么样的人，会有一种人生被安排好的无奈感和空洞感。即使小A进行了很多尝试，例如参加了父母为他报的各种兴趣班，但如果没有小A感兴趣的，或者小A感兴趣的没有得到支持去尝试或体验，就会出现自我同一性的延缓。如果小A既没有按照父母所期待的进行探索，也没有机会按照自己的意愿进行探索，就会处于一种自我同一性的混乱状态，觉得自己什么都不行，实现不了自己想要的，也实现不了别人所期待的。

这四种状态是流动的，每个青少年可能遇到不同的状态。父母要做的重点是有意识地支持青少年自己发声，自主选择，在自己的选择中体验和探索，借事修人，借用这些体验和探索支持他们看见“我是谁”“我想成为谁”。同时，父母应当给予积极正向的反馈，支持他们完成自我同一性，成为想成为的自己。

完成自我同一性，不仅是青春期的任务，也可能是很多人一生的课题。无论结果如何，我们希望这个过程是持续向前和向好的。很多家长会问，具体怎么做呢？让我们一起来看看关于自我常见的难题和挑战，再学习可参考的做法和解法。

## 青春期孩子关于自我的四大常见难题

### 只有学习好，我才是优秀的

很多来找家庭教练的青少年，聊到最后，都会涉及如何看待自己的问题。很多时候，他们会把对自己的评价与学习成绩挂钩，甚至直接画上等号，用成绩定义自己。无论成绩靠后的孩子还是成绩拔尖的孩子，普遍存在这种情况。

按成绩划分，常见的有三类孩子，每一类面对的挑战和问题都有相似性和普遍性。

第一类，学习领先型。这类孩子的常见问题是害怕失败，考前容易紧张，情绪受成绩影响特别大。考试结果好，他们就觉得自己很优秀；考试结果不好，他们就认为自己很差劲。因为他们所体验到的外界反馈、价值认同、权力给予、群体归属等感受，与学习成绩强相关。这类孩子成绩优秀，经常被老师委以重任，例如做班长、学习委员、课代表等，但在成绩好或坏的不同情况下，会得到老师和家长不同的反馈。例如，上课说话本来是个纪律问题，这类孩子在成绩不太好的时候，可能会比成绩好时得到更重的责罚。

第二类，学习末尾型。这类孩子的常见问题是，经常被当作重点对象去谈话，感觉自己已经长期掉队，也不太相信自己可以变好，能做的就是持续摆烂不努力。他们可能认为，自己成绩不好是因为不努力，而不是自己不行。很多学习本来不错的自信的孩子，去到重点学校、重点班级后，在班级和学校的排名可能不像期望的那么好。这类孩子也可能因此对自我产生越来越差的评价，并且影响其他方面的积极性。

第三类，学习中间型。这类孩子属于“两不管地带”，经常被忽略，不像学习领先型孩子被人挂在嘴上，也不会像学习末尾型孩子得到关注。因为长期缺乏关注，这类孩子会感觉自己像透明人，逐渐认为自己好像不重要，也不清楚到底该怎么办。

其实，无论哪一类孩子，无论成绩好坏，父母都需要了解他的特质是什么，他的优势是什么，他擅长什么，他真正想要的是什么，并给予支持，帮助他自己认知和认同自己。针对不同类型的孩子，在自我认知和认同方面，父母的侧重点会有所不同。

针对学习领先型的孩子，可以侧重和他们一起讨论如何面对失败，如何看待自己，如何提高自己的逆商，面对逆境时恢复的速度及反弹的高度等。针对学习末尾型的孩子，可以侧重和他们一起讨论全面地看待自己，自己在哪些方面是擅长的、容易有成就感的，如何利用长处而不是一门心思补短，如何利用“甜蜜小步子原理”建立正向的体验和循环。“甜蜜小步子原理”专注当下能做的一小步，通过一小步的进步帮助孩子获得外界积极的反馈和自己成功的体验，为孩子的下一步行动提供心理动力。例如，数学分数低的孩子的一小步可能不是达到 80 分或提高 5 分，可能只是确保试卷中平时会的计算题不出错，或者应用题能答出一个小题。对于这样一小步进步的鼓励可以让孩子行动起来，因而是改变孩子从负循环到正循环的有效策略。针对学习中间型的孩子，可以侧重理解与看见他们，理解他们的感受和需要，从需要层面去激发他们，让他们看到自己的独特性和重要性。

## 青春期容貌焦虑：外貌影响比内在更大

一个人的构成可以分外在和内在两个维度。外在主要指看得见的部分，例如长相、成绩、身份、地位、金钱等；内在包括性格、知识、思想、品德、认知等看不见的特质，内在可以通过一个人的语言和行为来表达和体现。两个部分相互作用，构成一个人的整体形象。一个人的自信与这两个维度密切相关。

青少年在形成和完成自我同一性的过程中，会更在意外在部分，特别是自己的外在形象。有些青少年甚至会有容貌焦虑，特别在意自己不够完美的地方，例如皮肤太黑，脑门太高，声音变得奇怪，脸上长痘，身材不高大，等等。这些外在特征都有可能导致青少年自我否定或者不自信，或产生人际互动中的羞愧感等。

小 B 被父母带来找家庭教练，因为无论天气多热，她都坚持穿长袖外套校服。无论父母如何叮嘱和要求，哪怕有中暑的可能性，小 B 也不想脱下外套。后来在教练式对话中，我们得知，小 B 胳膊上的汗毛比较长，有一次，班上男生取笑她是没有进化好的猴子，从那以后，她就坚持穿长袖外套校服上学。

其实，这是正常现象。父母应该带着理解听孩子倾诉，让孩子逐渐明确自我价值的判断标准，而不是以别人的眼光和标准来要求自己。随着年龄增长，容貌等外在部分在自信构成中的占比会逐渐减少，内在部分占比会逐渐增加。

父母的接纳和陪伴会带来青少年对自我的接纳，帮助他们弄清楚自我价值的判断标准及获得自我认同。

## 别人说我牛，我就很牛；说我差，我就很差

小 C 一直是一个自信满满的阳光少年。最近一段时间，他总是满脸愁云，话也变少了。成绩下滑后，妈妈说他不认真学习，没唠叨几句，小 C 就和妈妈吵了起来。妈妈觉得，乖乖的儿子怎么突然像变了个人。

家庭教练与小 C 聊过后，发现了事情的始末。小 C 的同学群中流行着一种网上心理测评，而小 C 的测评报告中有一句话，大意是：你从外表看上去很自信，其实内心很多时候不自信。几个同学抓住这句话，一直对小 C 说：看吧，我就说你不自信，你的自信都是装的吧，你看，测评出来的结果和我们观察到的是一样的。小 C 最开始不相信，觉得自己挺自信的，可是当同学们都这么说，而且测评报告也这么说的时候，他就越来越怀疑自己。测评报告上还出现了“讨好型人格”这个词。当他看到妈妈对自己一直唠叨不停时，便和妈妈争吵来证明自己不是“讨好型人格”。

青少年探索自我的过程，就像一个人照镜子的过程。周围的人，特别是信任的朋友、老师、父母、权威人物等，

都是青少年最在意和无意识会认同的镜子。这个时候，镜子给予的反馈都会直接影响他们的自我认知和自我认同。所以，周围人的语言提供的是积极的心理暗示还是消极的心理暗示，会对青少年产生相应的影响。

## 我不知道我想干嘛，但我知道我不想学习

原北京大学学生心理健康教育与咨询中心副主任徐凯文，在2016年的一次演讲中提到一种现象："空心病"。"空心病"指的是，一些物质条件优越的年轻人，生活非常顺利，没有遇到重大的挫折，也没有明显的人际关系问题，但是找不到生活的目的和意义，内心觉得空洞、孤独，觉得世界可有可无，甚至觉得自己可有可无，想要放弃自己的生命。

不少来找家庭教练的青少年，并没到想自杀那么严重的程度，但确实存在比较明显的空心状态：我不知道我想干嘛，但我知道我不想学习，如果我有足够的钱，我就不学习，躺在家里玩手机或者什么都不干。甚至有一些人对玩手机都失去了兴趣。

很多父母误以为这种状态是手机导致的，觉得如果没有手机，孩子就会变好。其实，背后的原因是多重的，有竞争攀比、评价标准单一的社会结构性问题，有学校和家

庭的原因，也有孩子个体的原因。徐凯文指出，从根本上来说，“空心病”源自中国教育的“唯分数论”。在这样的教育理念下，分数成为评判学生的唯一标准，给学生带来巨大的学业压力，导致他们只能放弃其他爱好，一头扎进课本里，甚至部分学生为了升学放弃休息时间，身心健康发展受到影响。在这样内卷的情况下，学校和家长往往苦口婆心地劝孩子忍耐几年，“考个好分数”“上个好大学”“将来找个好工作”，而忽略了引导孩子去真正地体验生活。慢慢地，社会环境、学校环境、家庭环境让孩子失去了自我探索和自我体验的机会，孩子的意识和自我好像就消失了。他们没有找到或体验到自己的价值观，不知道什么对自己是重要的，什么是自己有热情的，什么是自己真正想要的。他们没有时间和机会去寻找答案，只是完成一个又一个考试目标。

## 父母关于青少年自我的三大常见误解

### 我吃了那么多苦，不想让孩子再吃那么多苦

父母对孩子的爱是本能。而爱就像一个硬币的一面，

硬币的另外一面是恐惧。作为父母，我们应该看看，自己对于孩子的付出是基于爱，还是恐惧。

中考前，妈妈带着小 C 来找家庭教练。中考临近，小 C 第一次模拟考试成绩比平时下降了很多。马上面临二模，妈妈和小 C 都很紧张焦虑，相比之下，妈妈更紧张。妈妈希望家庭教练能帮助小 C 克服焦虑，正常发挥。

小 C 对家庭教练说，她的焦虑如果有 90 分，只有 30 分来自学校和学习本身，至少有 60 分来自家里。她说，第一次模拟考试开始前，家里的氛围突然就变了，紧张、小心翼翼，所有眼光都在自己身上，特别是妈妈的眼光。每天回到这个家，小 C 就莫名有种处在压力罩里的感觉，使不上力又不敢休息。而妈妈告诉家庭教练，自己因为高考失败，没有考上如意的大学，后来一直过得很辛苦，实在不希望女儿像自己一样吃那么多苦。妈妈为了不影响孩子，已经克制自己尽量少说，但没想到孩子还是感受到了焦虑和担心。

著名时尚设计师山本耀司说过这样一段话："自己"这个东西往往是看不见的，你要撞上一些别的什么东西，反弹回来，才会了解"自己"。所以，跟很强的东西、可怕的东西、水准很高的东西相碰撞，才会知道"自己"是什么，这才是自我。

所以，青少年与这个丰富的世界"相撞"性地去体验，才能感受和寻找到自我，生命中无法避免的逆境本身就是青少年成长过程中的养分和必需品。父母无论多爱孩子，都要认识到，孩子和父母是独立的个体，孩子经由父母而来，但不属于父母，应该把自己和孩子的自我分开。父母不要用自己的恐惧和认知束缚孩子，而要给予他空间，尊重生命成长的节奏和规律。父母可以先避免成为阻力，再学习如何成为孩子的助力。关于父母如何管理自己的恐惧和情绪，本章末将提供一个真实案例示范。

## 现在都控制不了情绪，以后还了得

当孩子进入青春期，父母普遍有一种感受：没说几句，孩子就爱答不理，时不时没有好脸色，甚至动不动就关门或有更激烈的情绪。在《青春期大脑风暴》一书中，作者提到青春期早期的大脑改变会引发四种心理特征：寻求新事物、积极参与社会（特别是同伴交往）、情绪强烈、进行富有创造力的探索。其中，情绪强烈不仅是因为身体激素的分泌，还源于大脑本身的变化，例如人脑中的情感中枢和杏仁核的不断变化。这些变化可以提高青少年的情感体验及情绪调节能力，但也会因为情绪高峰和低谷的波动而影响行为和决策。

小 D 和爸爸被妈妈“逼着”来找家庭教练。妈妈说，父子俩不是互不说话，就是因吵架不欢而散。特别是小 D，进入初中后突然容易情绪化，在课堂上还因此冲撞过老师。父母担心，小 D 情商这么低，将来在社会上会吃大亏。小 D 和爸爸的情绪，就像小风暴遇见大风暴，本来只是一些小事，结果相互影响变成了家里的龙卷风。

确实，强烈的情绪可能会支配青少年的生活，导致一些冲动或极端的行为。但也是这些能量和勇气，支持青少年充满活力地不断探索。父母应该认识到，情绪激烈和情绪变化是青春期阶段的正常现象，父母需要在安心的状态下，引导这股情绪力量支持青少年成长。

打一个比方，青少年的情绪就像时不时涌上岸的海浪，来得快，去得快，海浪大的时候可能将青少年淹没。作为与青少年并肩而行的成年人，不能和青少年一起被海浪卷走，而应该尝试稳稳地等待，等海浪过去后再与青少年沟通和对话。

## 孩子没有什么远大目标，不清楚自己的未来

很多父母用心付出，结果很委屈：我也很想做孩子的副驾驶，把人生的方向盘和驾驶位还给他，可是他自己没

有目标呀。孩子没有目标，又不能白白浪费时间或错过机会，所以父母不得不替他把着方向盘，先帮他设定一个目标往前冲。

青少年真的没有目标吗？实际上这里有两种情况：一种是有目标，但父母没有发现，或者父母认为他的目标不重要或不切合实际；另一种是当下确实没有什么目标。我们将分别进行讨论。

先来看看一个有目标的案例。考上当地高中四大名校之一的小 E，上学一个多月后就休学了。父母非常不解：辛辛苦苦考上了高中，眼看一只脚已经迈进大学，怎么说躺平就躺平，关上门天天在家玩手机，用 iPad 画一些乱七八糟的画。家庭教练与小 E 深入沟通后发现，小 E 喜欢画画，画了很多服装，能说清楚每一件服装运用了哪个国家哪个时代的元素。说起画画，她眼里有光，她希望将来成为一名服装设计师。但是很快，她的眼神黯淡下来，因为家人觉得她画得太夸张，不符合大众审美，这样的服装不会畅销，服装设计师的梦想也当不了饭吃。半年前，因为要准备中考，她就放下了画画。一进入重点高中，她就不得不加速准备高考，也没有时间画画。她感觉就算上了重点高中，还是离自己的梦想很遥远，于是出现了故事开头休学在家的情况。

在这个故事中，小 E 的梦想是成为设计师，学习本来可以助力她的梦想，或者说，利用设计师的梦想和对画画的热爱可以激励她好好学习。但父母却无意识地把学习和画画两件事对立起来。这时候，青少年的目标和梦想，需要父母去看见，去呵护，去激发。这时，父母呵护和激发的，是孩子目标背后的渴望和力量，父母不必急于判断目标是否切实可行。当青少年有了一个小小的目标，这就像刚燃起来的小火苗，父母可以做的是让火苗尽可能燃烧起来，带来动能和内驱力，而不是直接以目标是否可实现或将来是否能赚钱养家等为标准，将火苗熄灭。

当然，有些青少年当下确实没有什么目标。这也是非常正常的，他们就像新手驾驶员，驾驶自己人生这辆车不久，体验和建立的人生地图不够丰富。这个时候，重要的是开着自己的车，去兜风，去体验和探索，目的地反而不是当下最重要的。家长能做的是尽可能提供机会，邀请青少年多体验，从他们喜欢的部分开始，在挫折中去体验，在体验中让目标变清晰，实现自己的自我同一性。例如，小 F 因为在学校被霸凌找到家庭教练，经历了很深刻的人生体验。后来，小 F 将反校园霸凌作为自己整个高中的目标，并在此基础上成立了学校反校园霸凌联盟，开展了一系列活动，也因此收获了很多的朋友，变得更自信。

## 家庭教练支招：自我同一性是比学习更重要的根本

我们都听过金鹅与金蛋的故事，学习成绩和各种结果就好比是金鹅下的金蛋，青少年个体及其自我就好比是这只金鹅。青少年逐渐清晰地知道自己是什么样的人，自己想成为和能够成为什么样的人，能逐渐借助生命的体验和外界的反馈实现自我同一性，就能够成为精神状态饱满、内驱力强和自信满满的金鹅，这样才能可持续性地产生各种结果，下各种“金蛋”。反之，即使有不错的结果，若金鹅目光呆滞，只是机械地下蛋，也不会是父母想要支持孩子拥有的生命状态。

### 认知上：孩子没有缺点，只有特点，天赋就藏在特点里

孩子刚出生的时候，父母总是把孩子视为小天使，是上天所赐予的最美好的礼物。随着孩子长大，尤其进入青春期后，孩子的“缺点”越来越多。和别的孩子一比，“没有小王同学那么爱学习”“特长也比不过小李同学”“更没有小张同学那么开朗、高情商、有领导力”。这样的“缺点”“不足”的清单可以很长很长。

这里，我们可以尝试转换视角去看，其实所谓的优点或缺点，都是特点。特点出现在我们欣赏认可的领域中就成了优点，出现在我们不欣赏不认可的领域中就成了缺点。

小 F 妈妈最大的苦恼就是“孩子情商低，不会看人脸色”。例如，小 F 所在的初中管理严格，课间不允许大声喧哗，同学们只要听见老师的脚步声，马上就会回到教室坐在座位上安静下来。可是小 F 好像总是感知不到氛围的变化，继续大声讲着笑话，或者兴奋地高谈阔论，常常被老师逮住。几次下来，老师就觉得小 F 故意捣乱，挑战老师的权威，于是找到小 F 妈妈，很严肃地指出：这孩子情商太低，这么大了都不知道尊重老师，要是不管教的话，以后人际关系肯定出问题，影响长远发展。

妈妈听了，回想起小 F 平常好像也不太能感受到自己的情绪变化，每次自己生气的时候，小 F 好像无动于衷，既不哭，也不顶嘴，而是继续做着自己的事。妈妈担心，小 F 从小就这样，是不是情商有问题，感知不到别人的情绪变化。

家庭教练没有给妈妈答案，而是问她：孩子平常最喜欢做什么？她说：画画，从小就喜欢。

家庭教练继续问：如果你的孩子在画画，你从旁边走过，或者和他说一句话，他会不会马上反应，停下画笔？

妈妈说：不会，他会沉浸在画画中，一般不理我。家庭教练再问：那你希望他一边画画，一边关注着妈妈什么时候过来，要和自己说句话吗？

妈妈回答：不希望，他这种专注很好，就是这种专注让他的作品一直被老师表扬。

教练继续说：你看，因为他从小画画，你和老师都在鼓励他，所以他的专注力比一般孩子强很多。他画画的时候很专注，没注意到有人走近和他说话，他玩的时候也是一样，沉浸式地玩，很难注意到和玩无关的事（老师来了）。这其实都是他专注力强的表现，你希望改变他的这个特点吗？

妈妈很坚决地说：那不行。这是他很好的一个优点。

当孩子画画的时候，专注是认真的表现，是一个优点，更是难得的天赋；而换到玩的场景里他没有留意到身边的人，专注就成了情商低的表现，成为一个缺点。其实，这只是孩子的一个特点，特点不会改变，但是在不同的语境中，周围的评价体系变了，孩子的自我就被贴上了不同的标签。

这个时候，父母无须再纠结小 F 的情商问题，而是应该学习如何能让孩子适时从专注中抽身出来。比如，可以请老师在看到孩子还在玩闹的时候拍拍他的肩膀，打断他的注意力；在家里让孩子演练，一被拍肩膀，无论在哪种情绪中，在做什么，都马上把注意力转向拍他肩膀的人身上。这样，老师就不会觉得孩子是在挑战权威，也不会认为孩子的学习态度不好，会理解孩子从一件事情切换到另一件事情，需要更长的时间而已。

这样的教练沟通既能帮助小 F 和妈妈清楚地知道专注是小 F 的特点及优势，又能找到方法克服这个特点在一些场景下带来的不利影响。

每个人都有自己与生俱来的特点，这些特点也是每个人的天赋所在。父母需要改变自己的认知，把自己眼中孩子的优点和缺点都看成是孩子的特点。智慧的父母会不带成见或评判地观察孩子，见证真实的孩子，悦纳与庆祝孩子的特点，给孩子提供适合的土壤让天赋充分显现出来，并引导孩子把特点变成受用一生的优势。

回到本书开头提到的教练型父母的信念：我们对孩子特点的看见与鼓励是基于对他们与生俱来的智慧的信任，而不是我们自己的期待。我们应该相信孩子可以做得很好，而不是期待孩子做得更好。

当我们真心信任孩子的时候，他会感知到，也会用心来回应。这时，正向的改变就会自然发生。

所以，让我们一起改变认知：孩子没有缺点，只有特点。你的孩子的特点是什么？你可以和他一起讨论，帮助他开启自我的探索，共同走在实现自我同一性的路上。

## 行为上：欣赏认可，从不可控到可控，从事到人

我们先看一个故事，从心理学的角度理解欣赏认可的重要性。有一个古老的民族代代相传着一个故事，一天，爷爷与孙子们围炉夜话，讲起了这个故事：孩子们，在每个人心里都住着两头狼，这两头狼一直都在进行激烈的战斗，一头被称为“善”，它身上有所有美好的品质，例如积极向上、诚实、勇敢、有目标；还有一头被称为“恶”，它身上有几乎所有的缺点，例如蛮横、急躁、畏难、自卑等。两头狼一直不停地在相互战斗，有时候“善”胜利了，有时候“恶”胜利了。听爷爷讲完，孩子们问：最后哪头狼赢了？饱经沧桑的爷爷回答：你喂养和帮助的那头。

作为父母，我们确实有挫败和指责孩子的时候，也有发完脾气懊恼后悔的时候；同时，我们也有全心付出爱意满满的时候，有不断努力获得进步的时候。所以，请先欣赏和肯定自己作为父母的付出。我们肯定认可自己的时候，就是让我们心里那头善的狼被看见和变大的过程。同样，当我们有情绪责备孩子的时候，激发的就是恶的那一头。

所以，无论对自己还是对孩子，我们平时更多是在激发心里的哪头狼？

让我们用欣赏和肯定的方式来看见孩子，帮助他们实现自我同一性。为了帮助你感受肯定认可的作用，这里布置一个作业：请你写下对自己的十点肯定认可，然后请一位你亲近的人真诚地读给你听，感受一下；再写下对孩子和家里另一半的十点肯定认可，也认真地读给他们听，观察对方的变化和感受。建议你一定要认真完成，只有感受到了，你才会相信肯定认可的力量。只有你先肯定认可自己，你才能肯定认可别人，因为你无法给予别人你没有的东西。很多参加过这个练习的人说：表面是个肯定认可的练习，其实是接纳自己的练习。接纳自己的好与接纳自己的不好同样不容易。很多参加过练习的青少年开始会感到不好意思，但是听完父母的话后，会眼里有光地问：你们真的这么认为吗？

为了帮助大家更好地肯定认可，除了真实、真诚、具体等基本要求，这里给大家提供三点重要的技巧。

第一个技巧，对过程和其中可控的部分进行肯定认可，不强化结果和天赋等不可控的部分。例如，当孩子考了 100 分，家长可以给予的一种肯定认可是：好厉害，100 分，不愧是我的孩子。孩子对此的感受可能有开心，但是也会担心下次得不到100分。如果换成对过程和意愿等可控的部分的肯定认可，家长可以说：哇，100分，我能想象在这个过程中你付出了多少，我看见你平时一直有做错题集，有提前两周的复习计划，我发现你真是一个有目标且为了目标愿意寻找方法、付出努力的人。通过弱化结果，强化过程和那些孩子自己可控的部分，孩子就会产生一种被看见的感觉，也会知道后续哪些是可以持续复制和坚持的。

肯定认可的第二个技巧，是从肯定事转变到肯定人，特别是肯定人的品质和能力，帮助青少年实现自我同一性。仍以上面所说的考试100分为例，我们需要肯定的不仅是考试结果，而且是通过这个事情看见孩子是一个有目标、有方法且愿意为之努力的人。这样就能帮助孩子看见他是什么样的人，也能增加孩子的价值感和胜任感。价值观是青春期孩子自己最看重的品质或特质。青少年有些共同看重的品质，例如公平、尊重、理解、平等，而每个人又有自己独有的看重的部分。我们可以借助价值观卡牌帮助青少年看清自己的价值观及最看重的品质（扫码获取青少年价值观卡牌玩法视频）。

青少年价值观卡牌玩法视频

可能有些青少年还不习惯成人的

肯定认可，会对父母的肯定认可感觉有些刻意和尴尬。我们还可以使用一个小技巧，就是用“悄悄话”的形式来肯定认可。青少年虽然不喜欢父母唠叨，但是喜欢“偷听”父母讲话。如果父母以“悄悄话”的形式肯定孩子，他们听到了可能会认真地放在心里。举个例子，小 G 告诉他的家庭教练，因为各种原因，爸爸从来没有肯定认可他，他觉得爸爸看不上自己。有一次吃饭，小 G 在旁边玩手机，爸爸在饭桌上对他妈妈说：“儿子在打游戏，我和你说件事。其实，我们家儿子是个很有担当的孩子，虽然这次老师批评了他，但是他回家没有撒谎，而是告诉我们实话，他敢于承认问题和面对，我觉得，这就是男子汉。所以我相信他也会承担起他自己的一切，以后我们要少唠叨，多相信他多给他机会担当。”后来小 G 的自我认知里有一条信念：我是一个有担当的人。

当然，“悄悄话”还有一些演变形式。例如，孩子在场时，妈妈用电话和爸爸聊起孩子；或者，创造机会让孩子看见和老师的微信聊天记录。这些方式可以让孩子知道他是谁，让他有一种被看见和被相信的感觉。当然真实和真诚是重要的，我们可以以小见大，但不能无中生有地去肯定认可。

## 教练式对话案例示范－父母总是忍不住担心孩子，怎么办？

每个父母都想支持和陪伴孩子的成长，但总有管不住情绪、忍不住发火的时候。这里，我们提供一个教练如何支持父母完成情绪转化的案例，帮助父母和孩子完成情绪上的分离及转化。父母就像给予青少年心理安全的房子，父母情绪稳定，青少年就像住在一个稳定的房子里，能静下来面对自己真正的挑战和难题。如果父母自己的情绪接不住青少年的情绪，反而相互升级，就像青少年住的房子一直在晃动甚至地震，那青少年无法安定下来，也不能去面对自己真正的挑战。大家也可以参考这个过程理解自己的焦虑，并完成信念转化。

一位妈妈在中考前两个月找到家庭教练。妈妈着急地说了头天晚上的事情："中考快到了，晚上 11 点，孩子作业还没写完，我一进门，看见他在玩手机。我心想，马上就要全市统考了，这么不自觉，怎么考得上重点高中？孩子对自己的未来太不上心了！想到这里，我火冒三丈，大声说了几句。孩子狡辩说，学习累了，玩两把游戏放松而已，为什么不相信他，然后砰一声关上房门，气得我直跺脚。这个孩子已经无法无天了。"

妈妈还说，类似的场景经常上演，越这样她越是担心和焦虑。她担心孩子在关键时刻掉链子，但和孩子一沟通就吵架。亲子关系在中考前陷入冰点。父母的帮助不仅没有起到作用，反而让家里的氛围变得压抑和紧张。

家庭教练在一个小时中，用了三步法帮助这位妈妈走出困境。

首先，教练邀请这位气头上的妈妈，先停下来数 10 个数，在这个过程中，看看当下的自己和自己的情绪。数数时，可以问问自己：我正处在怎样的情绪中？我当下心理和身体是什么感觉？这个情绪从身体的哪里升起，要去到哪里？（放下评判，保持对一切中正好奇的状态。）

这位妈妈看见的自己是这样的：我此刻很愤怒，拳头握紧，手心出汗，身体僵硬，心中憋火，在这种状态下，我随时可能爆发，破口大骂，引发一场和孩子的战争。

教练问：然后会怎样？

妈妈说：孩子顶嘴，我继续说他，然后他砰一声关上门，我在外面咆哮，精疲力竭，无果而终。

教练：此时，你担心的是什么？

妈妈：我怕孩子考不上好高中，然后考不上好大学，以后前途渺茫。但是我太累了，一心为了他好，真不知道该怎么办了。老师，有没有更好的方式，不用争吵就能解决问题呢？

**觉察情绪**

按下发泄情绪的暂停键

· 我此刻在什么情绪中?

· 我的心理和身体是什么感觉?传递给我怎样的信号?

**转化信念**

让爱与理性回归

· 情绪背后我的观念/相信是什么?

· 这是真的吗?这会改善现在的状况吗?

· 为了让事情变得更好,我[愿意]相信的是什么?

**创造行动**

打破旧模式让爱流动

· 这个相信会带来什么改变?

· 带着新的观念/相信,我会如何去沟通?

· 我可以有哪些与之前不同的做法?

**转化焦虑情绪三步法**

这个过程是第一步：觉察情绪。也就是在情绪破口而出之前，先给自己十秒钟的“冷静期”。它让我们得以为自己创造一个空间，帮助我们保留感受，去掉情绪化反应，回归理性，以更平和理智的方式面对问题，积极寻找办法解决问题，而不是先发泄一顿激怒孩子，或者把孩子吓跑，人不在眼前了，问题依旧。

然后，家庭教练问这位妈妈：事情真的有那么糟糕吗？孩子晚上 11 点作业没写完，你进房间看见他在玩游戏，就真的意味着他不好好学习，等同于他考不上重点高中吗？考不上重点高中，就意味着前途渺茫，没有出路吗？这是真的吗？这些是事实，还是你自己在头脑里编织的故事？

这位妈妈很快意识到：其实事情并没有那么糟，孩子也想好好学，每天学校已经抓得很紧了。离中考还有一个月，自己很焦虑，神经紧张，灾难化了事实。而且孩子本来成绩就不差，对自己也是有要求的，还是很有希望考上重点高中的。

妈妈觉察到自己的情绪后，冷静下来，自然而然地看到了事情更完整真实的样子，看到了被情绪左右而失去理性思考的自己，也看到了更完整的孩子。

教练说：听上去，你相信孩子愿意付出努力，希望获得好成绩考上重点高中。

以上是第二步，叫作转化信念。看见自己情绪背后夸大化的事实和认知，然后看到更全面的事实和孩子真实的需要。

教练说：那你可以接纳孩子通过一些方式缓解压力吗？

妈妈说：可以，但我就是希望不要只靠玩游戏解压，玩游戏太容易沉迷了。

教练继续说：那你期待的方式是什么？

妈妈说：我希望他可以去打打球，或者和我散步聊聊天，或者一起看电影、综艺节目。

教练回应：我能看到，你特别希望孩子用健康的方式去放松，你内心是想帮助他的（肯定妈妈的正向意图）。你是如何向他表达的？是在怎样的情景和情绪中表达的？

妈妈回想了一下，说：是有表达过的，但是每次都是看到他在玩游戏，在指责他不努力不懂事的时候，带着愤怒的情绪表达的，在一种恨铁不成钢的状态里表达的。

教练问：那可以怎样表达？什么场合表达，他可能会比较容易接受呢？（寻找新可能）

妈妈：我可以试试在吃饭的时候，提议饭后出去散散步，周末去看个电影，他应该会挺高兴的，之前我们吃饭基本都在聊学习，这对他来说可能是个惊喜。

教练回应：特别好的主意，试试吃饭和散步的时候，不聊学习，聊点别的。如果你不知道聊什么，就听他说，不评判，不说教，不总结，尽量认可鼓励他的想法。如果你不太认可他说的内容，可以不带评判地表达你自己的观点和观察，但不要求他一定接受。

最后一步，因为情绪被看见，认知也转化了，一起制订行动计划。

什么是不带评判地表达观点与感受呢？

如果我们看见孩子玩手机就马上说“不要沉迷手机，玩手机会影响学习，耽误正事儿”，这就是评判。把玩手机和耽误学习画上了等号，言下之意就是，玩手机是不对的。孩子听了自然不开心，要怼回来，争吵就是这么引发的。

如果用表达观察与观点的方式，可以这样说：我看到你今天晚上在玩手机，是不是学习累了，想放松一下？活动活动身体可能也是一种放松的方式，对我还挺有效的，要不你也试试？咱们一起去散散步或者我陪你打会儿乒乓球吧？

后来，这位妈妈这样做了，孩子放下手机，欣然接受。之后的一个月，妈妈和孩子找到了共同缓解焦虑的方式：散步和打球。散步的时候，孩子和妈妈分享了很多自己内心的压力和对未来的担忧，妈妈也逐渐能做到倾听，不去说教和给建议，而是分享自己的感受，不再发泄情绪，和孩子平等沟通。她发现，孩子更爱表达内心的想法了，她第一次这么深地走进了孩子的内心世界。原来，孩子未来想开自己的广告传媒公司，他已经和同学在B站上发布了好几条自己做的视频剪辑，他的大学目标是中国传媒大学。

妈妈和孩子商量达成共识，完成复习任务后，孩子周末可以玩两小时游戏。孩子感到被妈妈深深地理解和支持。妈妈从敌人变成了支持自己的队友，孩子心情舒畅，学习状态也越来越好。一个月后，孩子中考发挥出史上最佳水平，顺利考入省重点高中。

这位妈妈把之前的焦虑和愤怒成功转化为对孩子的爱与接纳，消除了“对立”状态，和孩子一起面对中考压力。当妈妈放下家长高姿态的说教评判，孩子也更加自在了。孩子主动分享了之前因为担心妈妈不允许而不敢说的事。妈妈也得以越来越了解真实的孩子，少了些担心，多了些信任和从容。

每当情绪风暴来临前，父母要试着在脑海里重复这句话：我们养育孩子的出发点是对自己、对孩子善良向上本质的充分信任，而不是对他未来会失败的恐惧。然后，问问自己：从爱而不是恐惧出发，我们会如何做？

# 第二章

# 家　庭

让家回归爱，

家不再成为第二所学校

一般来说，拥有孩子的家庭最小构成单元至少包括三个个体（爸爸、妈妈、孩子）、三段关系（夫妻关系、父子关系、母子关系）、一个家庭系统。这些都在本章讨论的范围内。

对孩子来说，父母是什么？家是什么？我们经常听到的答案是：父母是孩子的第一任老师，家是孩子的第一所学校。

从一些角度来看，这句话是对的。在孩子小的时候，孩子不仅需要爱，还需要规则、榜样，这个阶段父母起着引导、告知规则的作用。家庭是孩子进入学校和社会之前所属的第一个群体，在这里，孩子学会了爱、规则、人际互动等。

等孩子到了青春期阶段，如果父母还是习惯性地把自己定位为老师，把家定位为学校，就往往会带来家庭的冲突和孩子的远离。家庭中很常见的情况是：一方面，青春期的孩子会嫌弃父母啰唆，不管父母说的对错，都不愿意听，甚至回家直接关门；另一方面，父母很苦恼，明明想把人生的经验分享给他，让他少走一些弯路，他为什么不听。

这些现象都是青春期孩子从青少年成长为成人的正常过程。如何变问题为机会？父母需要在孩子成长的同时，与他共同成长，调整自己及家庭的定位。

本书给青春期孩子的父母的定位是"教练型父母"。教练型父母与一般的父母有什么不同？我们先给出教练的定义，后面每个章节会用案例说明教练型父母的具体做法及特别之处。

教练型父母的定义：相信孩子的本自具足，通过伙伴般平等的关系及对话方式，激发孩子的潜能（转化干扰），支持孩子活出最佳生命状态的父母。

如果用一个比喻来说，青春期孩子开着自己人生的车一路向前，这辆车马力十足，驾驶员是孩子，不是父母，父母是坐在副驾驶位上的教练。所以车往哪里开、怎么开，都应由孩子最终决定，副驾驶位上的教练可以帮忙看导航、预判路况等，但不能抢过孩子的方向盘直接操作。同时，除了关注是否到达目的地，例如考上高中或大学，更重要的是，副驾驶位上的教练要关注孩子个体本身。包括他是什么样的，他是否有清晰的人生目标，他以什么状态面对路上的风景，他如何跨越障碍，等等。很多时候，父母会因太关注目的地而忽略了驾驶位上的孩子。

青少年是驾驶员，正在开车，副驾驶位上的父母切记：

- 不要抢方向盘，危险！
- 不要在旁边啰唆和唠叨，否则会使开车的人很烦。

- 不要无意识把驾驶员赶下车，回头发现驾驶员不见了，又抱怨驾驶员没有内驱力、责任心。
- 不要反复分享当年开拖拉机的经验，现在开的是新能源电车，车况和路况都不一样。
- 不要一直在旁边不停刷视频或睡大觉，还见不得驾驶员休息时刷手机。
- 要多关心驾驶员这个人，让他有好心情开车。
- 帮着驾驶员看导航、确认目的地，快走错了再提醒。走错了也没关系，每段路都有风景。
- 迷雾中前行或走错路多打气，不要埋怨。

如果用一个公式来表示，教练型父母核心的养育逻辑就是：

$$P=p-i$$

Performance（绩效）=potential（潜能）–interference（干扰）

P（绩效）会让我们联想到外显成果，例如孩子考了多少分，拿到了什么奖，做出了什么小发明，是否考上了好的高中和大学等。但教练型父母更关注孩子的生命状态、精神面貌等（英文可简称being）。打个比方，不能只看树能否结果子，而先要看树是在茁壮成长，还是在逐渐枯萎。

p（潜能）指的是在父母陪伴孩子成长的过程中，父母是否以平等的状态激发孩子的内驱力和潜能，帮助他逐渐厘清自己的价值观、自己是谁、为什么而学习、为什么而活等。父母不应该过度要求孩子，甚至让孩子替自己实现人生理想。比起出生于20世纪70年代到90年代的父母，这一代处于青春期的孩子更早开始思考这些问题：读书的意义是什么？活着是为了什么？为什么我要和其他人一样？

i（干扰）指的是孩子在成长中会遇到的各种各样的困难、问题、障碍等。这些干扰一部分来自外界，例如孩子被老师批评了，孩子考试失败了；另一部分干扰来自内在，例如孩子觉得自己不够好，觉得自己很自卑等。这些都是客观存在且在成长过程中必然会出现的。父母应该陪伴孩子一起面对，把这些干扰转化为孩子成长的机会，相信孩子是在问题和挫折中成长的，而不是把孩子推到一边，质问孩子该怎么解决。所以教练型父母相信：干扰是孩子人生学习和成长路上必然出现的一部分，不用避免或抗拒，我们可以带着相信陪伴孩子去面对。就像孩子学走路一样，我们相信他们能学会，不害怕他们摔跤。同时，从干扰到机会，需要的是转化，干扰转化后就变成了孩子人生的资源、经验或财富。就像我们回望自己生命中的那些经验，很多都来自某次失败或某个痛的领悟，不只来自成功。

**教练式养育的核心：人变大**

大家可能还记得本书导言中关于“人变大”的比喻——教练型父母能够“穿越事，看见人”，去支持孩子的“人”变大。“人”变大后，面前的小山坡对孩子来说就不是问题。孩子不仅能跨过面前的这个小山坡，而且能跨过一个又一个类似高度的小山坡，能拿到人生中每个小山坡后面的宝贝。

我们再一起回顾一下教练型父母的“道”与“术”。

状态上：以爱为出发点，相信孩子向上向善的本质和力量。

方法上：看见孩子的内在世界；放下预设、如其所是地倾听；不带评判带上好奇的开放式提问；基于品质的肯定认可。

## 青春期孩子关于家的四大常见难题

### 爸妈眼里学习比我重要

小 A 同学是一个成绩优秀、有思想、有判断力、各方面都比较出色的孩子。他因为英语特别好，常年参加模拟联合国的比赛，在很多比赛中取得了不错的成绩。但是他和爸爸都有一个苦恼：父子在一起的时候特别容易起冲突，平时很懂事的孩子甚至会大声骂爸爸。爸爸特别委屈，自己一直用尽心思培养孩子，特别是在孩子的英语学习上。原来，爸爸是老师，寒暑假为了帮助儿子提升英语水平都不休息，甚至还召集了几个英语优秀的孩子一起学。

爸爸很苦恼，问家庭教练：你觉得我用心付出有错吗？

教练回答：用心付出肯定没有错。但你做了孩子最好的老师，孩子却缺少了一个爸爸。

爸爸有些惊讶：关心孩子学习不应是爸爸该做的吗？不然爸爸做什么？

教练说：问几个问题，看你能回答多少，这几个问题可能是一个孩子对爸爸的期待。孩子最近对什么感兴趣？他的好朋友有什么特点？他最近面临的挑战是什么？在孩子心里，近期的三件大事是什么？孩子的偶像是谁？为什么喜欢这个偶像？如果有一个梦想清单，里面会有些什么？

爸爸好像一下子明白了父亲和老师之间的区别。老师看重学习，父亲看重孩子这个人。

所以，这个问题适合所有正在读这本书的家长：你更看重孩子这个人，还是更看重孩子学习？可能有些父母分不清楚，觉得看重学习就是看重孩子。但你的孩子是否这样认为呢？很多孩子的回答是：学习比我重要，甚至父母眼里只有学习。

这里举个例子来说明看重学习和看重孩子这个人的区别。孩子考试回来，默不作声，心情不好。老师也打电话告状，说最近孩子上课不认真，总是走神，希望父母帮助孩子纠偏。等孩子回家，父母的一种问法是："考试结果怎么样呀？老师说你上课不认真，都提醒过很多次了，上课认真是最起码的，你怎么就不听？！"另一种问法是："儿子，看你不是很开心。晚上想吃什么呀？有什么事儿，爸妈陪你一起。"如果换成一个成年人的场景，在公司升职加薪不如意，你回家时，家人的一种反应可能是："听说张三升职了，其实都说了好多次，关键项目上，你不能只默默地干，要展现自己，你就是不听。不能升职加薪，家里生活都会受影响。”家人的另一种反应可能是：“你之前说这段时间公布加薪结果，看见你不开心，是因为这个事情吗？没事儿，一家人团结在一起最重要，有啥我们都能面对。你一直都是我们家的英雄，肯定有办法让你的才华被看见。”

通过上面这个案例可以看到，关注人和关注学习是两件事。

## 爸妈不理解我，我也不求他们理解我

小 B 和爸妈来见家庭教练。爸妈表示，孩子一回家不是把自己关进房间，就是拿着手机或戴着耳机。他们特别渴望走进孩子心里，多了解孩子。教练问小 B：“你愿意和父母沟通并了解彼此吗？”小 B 回答：“不是我不愿意沟通，是和他们无法沟通，沟通带来更多麻烦和冲突，不如不沟通。”

小 B 举例说，有一次，她看到一条和狗相关的搞笑视频，大概内容是主人腿摔伤了，狗学主人瘸腿走路。小 B 觉得很有趣，分享给爸妈。妈妈的反应是：你天天都看些什么，这些时间如果用来背英语单词，5 分钟时间都可以背 5 个单词了。爸爸的反应是：你看你一直说养狗，我就不同意，养狗有什么好的，这种时候还嘲笑主人。

小 B 说："我简直无语了，为什么一个分享要引来一段教育，这么浓的鸡汤天天喝谁受得了。"小 B 还补充了一段很有代表性的心声："不求父母理解，做到了解就不容易。他们不想了解，只想来改变。就像他们说着想来我的世界参观，其实他们更想来改造我的世界。"

所以，有些来找家庭教练的孩子，希望父母不要改变。他们担心父母看了育儿的书籍，不但没有了解和理解他们，反而拥有了更多工具去窥探及改造他们。

孩子想要的是真正的了解和理解，不是改造。

## 千万别告诉我爸妈

很多孩子在学校犯了错，最怕的就是叫家长。叫家长可能并不能带来解决问题的助力，而是带来更大的压力和问题。就像每次做完孩子的教练对话和沟通，家庭教练都会问：有什么可以分享给父母？有什么不可以分享？（根据国际教练联合会（ICF）的要求，教练的职业操守第一条就是保密。在不违法及不涉及生命安全的前提下，教练有义务为当事人保密。哪些可以及哪些不可以与父母沟通，教练需要与孩子确认。）

孩子常见的回答是：不要告诉，千万不要告诉。问及原因，有的孩子说，父母知道了，可能会指责他，使他更不安宁；有的孩子说，说了也没有什么用，说了他们也不会真的理解，也不会真的愿意来帮助我；有的孩子说，父母的改变和成长能支持孩子的改变，但父母改变自己的可能性太小了；有的孩子说，即便现在答应了，以后家长会把这个当作和孩子谈判的筹码或算旧账的工具，例如说“我当初都配合你改变了，你为什么还是这个成绩和结果”。

无论孩子是因为哪种原因不想对父母说，很明显的是，在这样的亲子关系里，孩子不认为父母和自己是站在一起的，孩子认为自己和父母不是同盟的关系。

其实，在青春期孩子追求独立的过程中，他们有勇气但同时又很迷茫，他们需要父母做坚定的同盟者和支持者。

## 我不想回家

孩子经常离开家往外跑，对外面的世界充满好奇和探索欲，这对青少年来说是正常的。就像一放假，他们都愿意和同伴出去玩，不需要父母陪伴，这个时候孩子希望父母充当司机或提款机，给他们留有空间去玩耍和探索。而有的父母误以为青少年不需要家或不愿意回家。青春期孩子的同伴需求增加，这属于正常现象，但不等于孩子不想回家。孩子不想回家可能是因为家里有他不想面对的压力和挑战，家里没有他想要的温暖、放松或支持。

家庭教练经常会问孩子：你的家如果有颜色，你经常看到的是什么颜色，为什么？在你考试的前后，家是什么颜色，为什么？你希望的家是什么颜色，为什么？

小 C 说，他的家是沙漠的颜色黄色和火药的颜色红色。大部分时候，整个家有些压抑、无聊甚至荒凉，平时都没有人说话，大家各忙各的，出去吃饭各自看手机，没有爱和温暖，所以是沙漠，没有人气也没有生机。家是红色，是因为每当说到考试、成绩、花钱，就特别容易发生冲突。父母总会说："为了你，吃好的住好的，上各种培训班，父母从没有吝啬过，为什么你就是不努力？！"就算没有直接冲突，小 C 也感觉火山可能正在酝酿爆发。

小 C 还说："我要是有钱，我可能就不待在这个家了。我好像不达到父母的要求，都不配在这个家待着。"

这里，为家长和孩子提供一个"家庭元气平衡轮"，"元气"是指一个温暖幸福能支持孩子成长所需的家庭氛围，例如爱、真实、好奇、尊重、欣赏、好玩等。每个家庭都可以根据自己的需要来增减内容。这个元气平衡轮的重点在于全家人一起平等讨论和共创：我们理想的家最需要的氛围有哪几个？这几个要素，当下是多少分？我们期待多少分？如果可以提高，每个人可以承诺做些什么或不做什么？

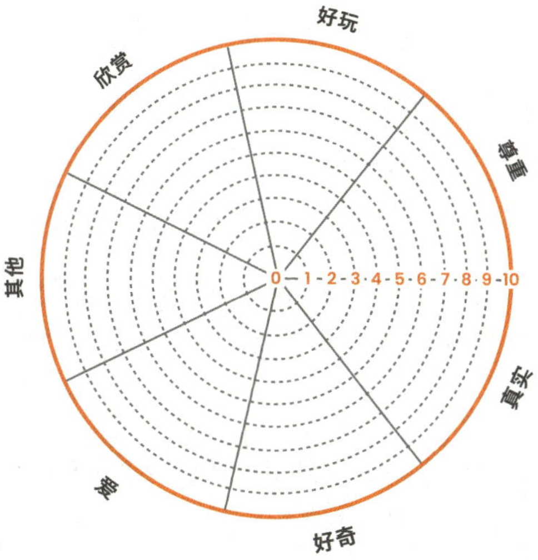


家庭元气平衡轮

## 父母关于家庭关系的三大常见误解

### 我都是为了你好，你为什么不领情

天下父母都是爱孩子的，这一出发点是毋庸置疑的。但很多时候，孩子没有感受到爱，甚至感受到的是压力或控制。小D妈妈来找家庭教练，哭着说，她不明白，为什么全心全意付出，别说回报和感恩，竟然遭到孩子的对抗和嫌弃。原来，为了照顾好即将中考的孩子，妈妈主动拒绝了工作上更好的机会，每天早起给孩子变着花样做早餐。哪怕有点休息时间，妈妈都是围着孩子转，不敢轻易放松或约朋友出去玩。但是，孩子经常几句话不对劲就关门，还一直强调能不能不要管她。孩子也和教练表达，妈妈能不能不要做这么多，做得越多她压力越大，因为这些都不是她需要的。妈妈一直也不明白孩子真正需要什么。

这个故事中妈妈的困惑并不是个例，很多青春期孩子的妈妈都面临着这样的困境：妈妈付出很多，牺牲了很多，但孩子不领情不感恩，反而嫌妈妈啰唆。

我们称其为爱的错配：一车苹果与一颗车厘子的错配。

孩子想要一颗车厘子，父母却给了一车苹果。父母很委屈和恼火：为什么拼尽全力给了那么多，你都不知道感恩，不知道珍惜，不知道满足。孩子也很委屈：我没有要那么多。父母问：那你需要什么？孩子答：我只需要一颗车厘子啊。

为什么一车苹果却抵不上一颗车厘子？因为爱需要符合“接受方原则”，否则给再多都是爱无效、爱未果，或者反而成为孩子的负担。所以，父母先要搞清楚孩子需要的是什么，才能有效地往孩子的情感账户存款，否则容易变成自我感动式付出。

## 把人生的道理和经验都分享给你，你就可以少走弯路

父母为了让孩子少走弯路，经常会苦口婆心地说：你听我的，我不会害你的。等孩子遇到挫折的时候，父母可能会说：我早就告诉过你，你怎么不听，非得往坑里跳。

上初中的小 E 在选学校下午四点半的课程时，想选茶道课程。妈妈坚持要孩子选演讲或英文辩论类的课程。就因为这件事，孩子和妈妈已经两星期没说话了。妈妈认为演讲和辩论的能力无论是对于以后申请国外的大学还是对于进入社会，都会非常有帮助。她问孩子：为什么这么坚持选茶道？

孩子说：自己喜欢茶道，是因为这类课程听上去文化感很强，有一种了解古文化和体验传统文化的感觉；还有一个更重要的原因，就是不想听妈妈的，想自己做主。孩子认为，自己连选课都不能做主，以后还能自己决定什么？现在，父母不让她做主，当她对有些事情说随便时，

又说她没有主见、太敷衍。她感到矛盾，到底该听自己的，还是一直听他们的？

一个人的身体装不下两个人的灵魂。如果孩子都听父母的，他会失去验证自己、自我成长的机会。在AI时代，知识和经验分享唾手可得，从来不缺。而知识要变成孩子自己的认知，就还需要有一个“认同”的过程。认同如何产生呢？这需要孩子自己的体验和实践的检验。只有孩子自己经过思考、体验、认同，才会产生认知。

孩子需要的不是经验，更不是说教，而是生命的体验；孩子需要的不只是知识，更是体验后形成的认知。

## 另外一半是帮倒忙的

客观地讲，在现代社会的快节奏下，无论男性还是女性都很不容易，各有各的难处。而且，每个人从小成长环境不同，形成的人生信念也不同，所以父母双方培养孩子的想法和做法不一致，是正常的事情。比起父母的想法和做法不一致本身，可能不一致带来的冲突对孩子的影响更大。

小E的爸爸妈妈，因为小E考前习惯性紧张来找家庭教练。原来，爸爸妈妈经常会因为小E起冲突。例如，关于中考后的这个假期应该怎么安排，爸爸说：“高中学习很紧张，应该利用这个假期提前做很多的准备，把该学的都提前学了。”妈妈说：“正因为是孩子高中前最后一个假期，应该让孩子放松放松，出去见见世面，一家人也能共享家庭时光。”爸爸妈妈各执一词，谁也不让谁，其间还因为争吵把话题从假期安排扩展到了其他方面。最后，父母把压力给到小 E，问小 E 到底谁对谁错，愿意选谁的方案。小 E 默不作声。后来，小 E 说：“其实他们说的都对，一个强调读万卷书，一个强调行万里路，不是应该结合吗？为什么变得对立呢？每次他们有矛盾都让我来做选择，每次选择都像他们要分开，问我跟谁一样。不管我选哪个，另外一个都会不开心。”家庭教练问小 E：“那你真正想要的是什么？”小 E 回答：“比起选哪个，我更希望他们好好说话，整天家里吵吵闹闹，我像他们彼此的防弹衣一样。所以我一直很紧张，特别是到了他们都很看重的考试时，因为如果考不好，他们会相互埋怨对方，认为考不好是因为没有按自己的方式来做。”听到小 E 的话后，全家人都沉默了。

小 E 考试前的紧张不是因为考试本身，而是因为父母争吵。比起事情本身，孩子能感受到的或更在意的是父母的关系，而父母的关系是孩子未来亲密关系的底色。

当家庭里父母养育观念不一致时，更重要的是父母如何去面对这个不一致。家长可以利用这个机会去达成共识和形成合力。教练式养育对家庭有一个信念：相信家庭里的每一个成员都渴望连接，渴望为这个家庭做贡献。

## 家庭教练支招：好的关系，成就好的教育

孕育孩子的时候，妈妈和孩子之间有一根脐带，脐带给孩子提供营养。等孩子出生之后，脐带被剪掉了，因为孩子需要独立。但是父母和孩子之间还是有一根隐形的脐带，我们把它叫作“精神脐带”。它像管道一样，连接父母和孩子。管道通畅的时候，孩子愿意和父母分享，不一定同意父母的表达，但也愿意聆听。但是很多父母没有意识到，他们的孩子已经关闭了这个通道，或者在某种情况下会条件反射性地关闭。甚至很多时候，为了一些小事情，父母会牺牲关系来达成一些不重要的目标，例如“你今天不去学 ××，我就不爱你了”。

我们经常会用两个比喻来形容关系的畅通度。第一个是管道的比喻。很多父母给孩子分享自己的经验教训，哪怕分享是对的，孩子也听不进去。这个时候，父母的分享就

像管道里的水，之所以流不过去，不是因为水质不好，而是因为管道堵住了。所以我们应该做的是清理和疏通管道，而不是继续苦口婆心。第二个是电话的比喻。孩子接收不到父母的信息，不是因为父母说的不好或不对，而是因为父母与孩子之间的电话线已经断掉了。

那可能有些父母会想：我和孩子关系很好啊，只要不谈论学习和手机，都是母慈子孝的。那孩子到底如何认知你们的关系呢？接下去的两个问题能帮你们测试一下在孩子的心目中你们的关系底色。这两个问题被很多回答过的家长称为“照妖镜问题”。

问题一：爸爸或妈妈对你常说的口头禅是什么？

问题二：爸爸或妈妈对你常做的一个动作或表情是什么？

小 F 妈妈说自己和孩子关系非常好，回去一问孩子，他的答案却是：妈妈每天下班进家门的第一句话是“作业做完了没”；妈妈对他常做的动作是拿着手机低头说“等一下”。有时候，他感觉妈妈还很不耐烦。妈妈很惊讶，她以为孩子感受到的是自己的爱和关心。

我们先说说什么是关系的底色。其实父母和孩子的关系是多样化的，在不同场景和不同阶段，关系都是动态变化的。把这些动态变化的关系整合在一起，影响孩子能量的关系主要有两种。第一种是“赋能的关系”，它让孩子感觉到安全、爱，甚至充满力量；第二种是“紧缩的关系”，它让孩子比较有压力，感到紧张甚至紧缩。父母和孩子的多样化的关系中，有一种会逐渐留在孩子的潜意识中，形成一种本能和条件反射。在潜意识中留下来的那一种，我们称为“关系的底色”。经常有孩子会告诉教练，他知道父母爱他，但是他感受不到，因为他感受到的更多是紧张、有压力和紧缩的关系。

你可以用上面的两个问题测试一下，你和孩子的关系底色是哪一种。

对于养育青春期孩子的父母来说，最重要的一件事是什么？维护好或修复好父母与孩子的关系。本书后面章节会讨论关于如何激发孩子的潜能、如何支持孩子解决真正的问题，只有在关系好的前提下，父母才有机会去学习支持孩子，与孩子一起面对问题。否则，孩子会把父母隔离在外，宁愿自己是一座孤岛。而孤岛外的父母对孤岛里面的情况一无所知，失去了激发潜能的机会，也不知从何下手解决问题。

有了关系作为基础，我们从认知、行为层面给出一些具体的建议。

## 认知上：相信孩子的本自具足，相信每个问题都是一起成长的机会

很多孩子会告诉家庭教练，父母不相信他们，所以努力也没用。父母会诉苦："我给了他机会，他做不到，我还怎么相信？"家庭教练经常会说："请相信孩子。"哪怕孩子答应了做不到，也请相信孩子。这不仅是孩子成长的机会，也是巩固或修复亲子关系的机会，还是父母一起成长的机会。

这里的"相信"指的是，永远相信孩子有一颗向上向善向好的心，无论发生什么，每一颗种子都有向上生长的生命力。哪怕是以问题、麻烦或挑战的形式存在，我们都相信这种向上生长的生命力。

接下来，我们以一个真实的故事来诠释什么叫作相信"孩子的本自具足"，什么叫作相信"每个问题都是成长的机会"。

新冠疫情期间，六年级的孩子需要使用 iPad 上课和做作业。为了培养孩子有效管理电子产品的能力，妈妈和孩子约定好了规则：孩子白天自己保管 iPad，但是周一到周五不玩游戏、不看短视频。

一天放学后，妈妈敲门给孩子送水，推开门的瞬间，

妈妈看见孩子的手嗖地从 iPad 上缩回来。看到这个动作，不用猜就能想到发生了什么。孩子没有讲话，等着妈妈发落，整个房间出奇安静。

孩子没有等来妈妈的呵斥。妈妈心平气和地说："儿子，来休息下，妈妈和你聊一聊。妈妈不责备你，但妈妈心疼你。因为在我们自己家，在我儿子自己的房间，我看见我的儿子小心翼翼把手缩回去的样子，妈妈很心疼。妈妈想知道发生了什么，无论发生什么，我都不责备你，我只想知道妈妈做什么可以支持你。你可以告诉妈妈发生了什么吗？"（父母调整情绪，放下评判，好奇孩子的表现。）

孩子看到妈妈没有责备，说道："刚才本来打算做作业，结果发现弹出一个通知，喜欢的游戏新出了一款皮肤。然后我就点进去了，时间就不知不觉过去了。"妈妈继续说："谢谢你诚实地和妈妈分享。看上去你也很想先完成作业，但是这个 iPad 里总会不自觉地跳出一些东西，就像西游记里的妖精，总会出新的花招。"（肯定认可孩子的行为和诚实的品质，看到孩子想完成作业的意图。）

妈妈继续问："我可以陪你一起管好妖精吗？做作业的时候好好做，周末你也能不被打扰好好玩。"孩子说："妈妈，下完课后你就帮我保管 iPad 吧，就算我找你要，也约定好时间。”（妈妈依然相信孩子向上的渴望，一直在寻找解决办法。）

这是一个简版的故事，核心想说的是，哪怕孩子没有遵守约定，这个教练型的妈妈也相信孩子是想变好的，没有遵守约定一定是遇到了什么问题。妈妈也陪着孩子一起去找到问题和解决办法，而不是直接质疑、责备孩子。妈妈看上去是解决了一个电子产品管理的问题，更重要的是，她通过这个事情，培养孩子自己具备面对问题及解决问题的能力，让亲子之间在面对问题时是同盟关系，而不是对立关系。

约定本来就不是一成不变的，应在动态调整中去支持目标的实现，支持孩子个体的成长，支持亲子关系更加牢固。

## 行为上：支持孩子做有生命力的自己的四个技巧

有了好的亲子关系，有了对孩子期待自己长大的信心，家长具体怎么做呢？这里分享四个技巧。

### – 只设定“红线规则”

很多父母说，难道教练型父母什么都不做吗？当然不是，有所“为”也有所“不为”。前面有讲到，青春期孩子的主要任务是实现自我同一性。而自我同一性主要通过“承诺”和“探索”两个维度去回答“我是谁”。如果规则和要求太多，孩子会缺少自我承诺和自我意愿；如果缺少探索的机会，自我的想法无法被验证，孩子无法形成自己的体验和认知。所以，父母可以把孩子当作一匹草原上的骏马，只设置一个大的栅栏，例如不能吸烟、不能发生两性关系等，在此之外，允许孩子自己决定和体验。父母可以远远地观望，保持观察，但是不干涉，等孩子需要时，提供副驾驶的陪伴和支持作用。如果一个家庭设置太多要求，例如早上必须几点起床、鞋子袜子必须放哪儿、孩子房间必须整洁到什么程度、吃饭不能不吃青菜、见人要礼貌打招呼等等，这就相当于骏马在草原上会遇到好多红外线警报器，阻碍孩子的体验，反而让孩子为了维护“自我”而去和父母产生不必要的对抗。

### – 多问少说：关键三分钟提问

青春期的孩子通常会有的想法是“我不要你觉得，我要我觉得”。面对这样的想法，就需要父母掌握一个技巧：关键三分钟提问。父母和孩子在对话的前三分钟内，先不表达自己的意见、观点和价值主张，而是带着好奇，通过开放式问题来了解孩子的想法，哪怕孩子的表达和想法听上去有些奇怪或不符合常理。下面举个例子。

孩子：今天我被老师批评了。

父母：什么情况下被批评了呀？

孩子：舞蹈课上，老师说我干扰其他同学。

父母：发生了什么？老师怎么认定是干扰的呢？

孩子：对啊，他都没看清楚，是我自己摔了一跤，张三扶我起来……

也许这样一问一答之间，事情的真相就会浮出水面，孩子和父母的沟通渠道也通畅了。这个技巧的核心就是：前三分钟，管住自己的嘴；提问，提开放式问题；带着好奇，先不评判或下结论。

### – 做青少年的“微笑守护者”

青少年学业压力大，人际关系复杂度增加，常常会心事重重。除了关注学习，父母更应该关注孩子的生命力，如是否茁壮、是否蓬勃向上、是否有生机。为此，父母可以争取做孩子的“微笑守护者”——观察孩子每天是否笑了，每天能创造机会让孩子笑一次。从心理学上来讲，每个人都只愿意做有积极情绪体验的事情，每个人也更愿意和有积极情绪体验的人在一起。父母要做青少年的“微笑守护者”，而不是“压力放大器”。

## – 冲突前自查“情绪阈值”，冲突后有效修复

青少年和父母发生冲突是非常正常的现象。那么如何预防，又如何有效修复呢？当父母感受到自己有情绪的时候，尽量在“情绪阈值”到来前停止和孩子的沟通。例如情绪猛烈程度最高分是 100 分，可能到 70 分人就容易失控。父母和孩子沟通前，可自查一下自己的分数是否低于 70 分，是不是处于稳定状态。如果不确定或觉察到自己很快就会到达“情绪阈值”，不开启沟通之门才是最明智的决策。

如果冲突确实发生了，也不意味着父母就不是好父母。好的关系不是不存在冲突，而是有恢复及修复的能力。就像一个管道，偶尔的堵塞没有关系，更重要的是如何能及时修复和疏通。这里分享冲突平息后，帮助亲子关系恢复的“过马路三步法”。之所以叫“过马路三步法”，是因为可以搭配父母行为红绿灯卡牌使用（扫码获取行为红绿灯卡牌玩法视频）。三步中的每个环节，父母引领着孩子一起进行。

行为红绿灯卡牌
玩法视频

第一步：幸福时光，获得资源。（可搭配父母红绿灯中的绿卡。）

回想并分享亲子关系中曾经的幸福时光：那个时候在哪里？发生了什么？当时

氛围是什么样的？当时彼此是什么样的？亲子是如何互动的？感谢对方的是什么？这样的关系给予我什么？

第二步：回顾冲突，感受为先。

回忆最近的冲突，双方相互分享：我的感受是（可选择红卡）什么？对方的什么行为或语言让我有了这个感受？这个感受下我容易有什么样的反应模式？

第三步：表达需要，共识约定。

表达各自的需要（挑选黄卡）：先陈述自己的需要，再陈述别人做什么能给予自己支持。例如，当老师跟妈妈批评儿子的时候，妈妈需要信心，一方面妈妈自己要相信儿子，另一方面妈妈希望儿子平静后能分享自己的思考及后续做法。分享过程中，如果出现“不要”时，我们可以把负向的需要转化为正向的“我们需要什么”。

对于规律性出现的一些冲突，家长和孩子可以约定后续如何共同面对，以及为对方做的第一个改变是什么。例如，妈妈承诺，下次老师电话批评孩子，妈妈让自己先稳定情绪。孩子也可以主动和妈妈分享自己的视角是什么样的。

最后，相互感谢对方。例如，孩子感谢妈妈愿意来做这个复盘，妈妈感谢孩子愿意将心里话和妈妈分享。这样的感谢可以增强整个家庭的真实沟通和感恩的氛围。

## 教练式对话案例示范－家里爱太多了，我不需要

很多问题能被解决，是因为有好的亲子关系作为基础，而好的亲子关系依托于好的家庭环境和氛围。我们相信：家庭的每一个成员其实都渴望被理解，也渴望为这个家庭做贡献。这里提供一个“家庭元气平衡轮”的对话案例，支持大家一起创造想要的家。

第一步：先确定平衡轮维度和打分。

妈妈：闺女，你学习那么累，妈妈希望这个家是能支持你，支持我们彼此的。你看这个轮子上所有的维度都是你需要的吗？还可以填入什么？

女儿：真实是什么意思？

妈妈：就是希望你能在自己的家感受到安全，能真实表达。作为妈妈，也能真实表达，不小心翼翼。

女儿：可以。我还需要把公平加上去，我感觉有时候你对我和对妹妹不公平。大人和小孩在某些维度上也不公平。

妈妈：好。

（女儿开始评分，每个维度满分 10 分，标准就是孩子对每个维度的满意度。如果孩子给的分数不高，请父母管理自己的情绪，平衡轮的重点在于了解孩子的感受和视角，一起创造更好的未来。如果孩子评分很低，父母给脸色，

就没有给予孩子真实表达的机会。）

第二步：挑选得分最高项，获取积极能量。

妈妈：关于“爱”，你给了 8 分，你怎么感受到家里的爱？

女儿：你们会关心奶奶，奶奶会给全家做饭吃。你们也会为我付出很多，我感受到很多。

妈妈：如果朝更好的方向进行，你希望分数是多少？

女儿：我希望分数变成 9 分。

妈妈：9 分和 8 分有什么不同？

女儿：我不需要你们做更多，你们的爱已经很多了。我希望这个爱里可以少一些担心。有时候你们的爱过多，我有点不被相信的感觉。

妈妈：可以举个例子吗？

女儿：天气凉的时候，你不停让我穿衣服。我这么大了，会不知道吗？我出去的时候，你担心我走错路，这个担心令我不是很舒服。

妈妈：那妈妈应该怎么做？

女儿：你相信我，我自己可以。我需要的时候会找你们求助的。

妈妈：家里爱的氛围和每个人都有关，你愿意贡献什么？

女儿：我也多关心奶奶和你们。

第三步：挑选得分最低项，迈出“甜蜜小步子”。

（这一步的核心是父母继续管理自我，去听孩子的想法和感受，哪怕父母不认同。）

妈妈：“欣赏”这一项你只打了 4 分。是因为什么呢？

女儿：我考得好的时候，你们会很高兴，夸我努力了有进步。但是我好像没有听到你们夸我其他方面。

妈妈：如果妈妈和家里人愿意改变，你希望可以拿到几分？

女儿：一口吃不成个胖子，能到 6 分就不错了。

妈妈：那需要妈妈怎么做？

女儿：看到我其他方面的优点，少点唠叨。

妈妈：给妈妈举个例子。

女儿：本来需要你发自内心地欣赏我，结果你反过来唠叨我教育我。那我就举个例子，你让我帮你拍照，我拍好了，你就简单说，不错，再来一张。拍得不好的时候，你就会说我构图不好，背景选得不好，然后从拍照说到凡事都需要积累经验。你又再从积累经验说到坚持，然后又莫名其妙绕回到学习也要坚持。

妈妈：之前我都没意识到我这么啰唆。那以后我也多欣赏我闺女，就像今天你虽然有些不满，但愿意和妈妈分享。我们一起来调整，好不？

女儿：那你少些啰唆，我也愿意多分享一点，每天夸夸你们。

妈妈：那说到欣赏，你欣赏妈妈的地方是什么？

女儿：今天我说实话，虽然我感觉你有时也会不开心，但是你努力在听我说。谢谢妈妈，我们一起努力。

## 第三章

# 学　习

从被动到主动，

每个人都是天生的学习者

如果把孩子的世界比作一个圆，大部分父母希望孩子这个圆里 80% 都装着学习或与学习相关的事情，20% 再装些其他。

说到学习，大部分人直接联想到的是学校的学科成绩、考试排名、升学结果等等。这些当然是学习很重要的一部分，但它们是学习的外显评估标准，绝不是学习的全部，甚至不是学习中最重要的事。我们常常说每个人都是天生的学习者，学习本就是我们天性中最自然的一部分，是本能。没有持续而快速的学习能力，人类无法在物竞天择、适者生存的演进中存活下来。

所以，学习是刻在人类基因里的，是每个人与生俱来的内在智慧和能力。若把考试排名等外显的成果当作学习的核心、关注的焦点，那就本末倒置了。学习本该是每个孩子自主负责且能胜任的事，然而责任往往落到了家长 / 老师肩上。

这一章我们就来聊聊真正的学习是什么，以及如何呵护孩子天性中的求知欲，把学习的主动权还给孩子。

## 青春期孩子关于学习的三大常见难题

### 孩子问我：学习有什么用？

学习有什么用？我为什么要学习？学习好就一定能成功吗？

从上学开始，很多孩子就已经开始思考学习的意义了。当孩子问出这些问题时，通常有两种情况：（1）疑问语气：单纯对学习的意义和目的好奇。（2）反问语气：被学习弄得身心俱疲，已经感觉学习没什么意义，学习没用，不知道和自己的未来有什么关联，甚至觉得上学和学习是在浪费时间。

事实上，大多数青春期的孩子是第二种情况。

要回答这个问题，先要搞明白为什么孩子会发问。

#### – 学习和生活缺乏直接联系

学习和生活脱节，学习的知识和技能与孩子目前的生活或兴趣之间缺乏直接联系，比如代数对平常买东西、算账没什么用，抄写、背诵文言文除了应付考试外并没有提高自己的表达能力，等等。当学习的内容仅仅是为了做题考试，而无法服务当前的实际生活时，孩子就会觉得无聊，没有兴趣，质疑学习的意义，甚至认为学习是为了满足父母、老师的期待。这样的学习只有外驱力，没有内驱力。

### - 未来的不确定性

如今许多工作被人工智能（AI）代替，许多工作可能在十年、二十年后不复存在。辛辛苦苦花几年学的知识，AI可以分分钟搞定，那么这样的学习有何用呢？学得再好，也有可能拼不过AI。孩子不清楚这样的学习和未来世界所需技能的关系，感到迷茫、困惑，没有学习动力。

### - 外界的压力太大，超出了自己能承受的范围

这句话变成了痛苦的呐喊。不少孩子在小学的时候其实是喜欢学习的，起码不反感。因为那时学习的内容在自己认知的舒适圈内，或者稍微努力一下就能掌握，孩子很容易获得成就感和满足感。但到了初中，孩子的学业压力陡然增大，被迫卷进应试教育的洪流中，这就像逼迫一个刚刚能走稳路的小孩儿去跑马拉松，先不说能不能完成，这份远超出孩子当前能力的压力和期待就已经让他不战而退了。孩子真实的潜台词是：学习把我搞得如此痛苦，我为何还要继续折磨自己！这也是孩子求救的信号。

## 学习拖延，缺乏内驱力和目标感

拖延大概是最令家长们苦恼的学习问题了。家长们想尽办法却无济于事，面对孩子不断下滑的成绩、老师接二

连三的负面反馈，只能干着急。

小 A 同学的妈妈找到家庭教练时，愁眉苦脸，一通抱怨："孩子没有内驱力，不爱学习，上课总是睡觉，在学校吊儿郎当，最近连学也不想上了。平常就喜欢买 T 恤，大量时间在网上买卖二手衣服，不务正业。"

而当教练单独问孩子平常喜欢做什么时，孩子说，喜欢自己涂鸦一些 T 恤或者球鞋，经常在网上关注潮牌的动向，获得一些设计灵感，自己设计的衣服还被学校的篮球队选作队服了，过去半年，自己在二手交易网上卖了 50 多件自己设计的衣服。

说这些的时候，孩子两眼发光，但是很快又黯淡下来，说："但我爸妈觉得我无所事事，没把精力放在学习上，我真的对做题背书没有一点兴趣，学也学不好。他们前阵子为了逼我学习，还锁了我的电脑，那我只能躺平，啥也不做，让我自生自灭吧。"

这个孩子有学习的内驱力吗？我们稍后讨论。

## 有目标，没有行动

学期伊始，家长们常常会和孩子坐下来一起制定新学期的学习目标，甚至把学习目标打印下来贴在书桌上，起到提醒、激励的作用。然而，目标总是在时间的推进中灰飞烟灭，一个学期过后，该读的书没读完，成绩没达预期，排名没上去，单词没背几个，玩手机时间依然控制不好。为什么制定的目标总是达不成呢?

表面上看是孩子缺乏执行力，深度拆解下来，有三大主要原因：

### – 缺乏动机

即使孩子有明确的目标，如果他们对目标缺乏动机，执行力也会受到影响。缺乏动机可能是由于目标与他们的兴趣不符，或者他们没有看到实现目标的重要性。后面我们会详细讲讲如何激发内驱力。

### – 时间和任务管理能力弱

一学期的 N 个目标里，不清楚哪些是优先级，没有科学分配时间精力。在时间管理中有个“要事优先原则”，重要且紧急的目标最好不要超过三个，人的精力有限，如果每个目标都同等重要，反而失去了焦点，最后西瓜芝麻一个也没捡到。

可以借助美国管理学家史蒂芬·科维的时间四象限法来增强时间和任务管理能力。

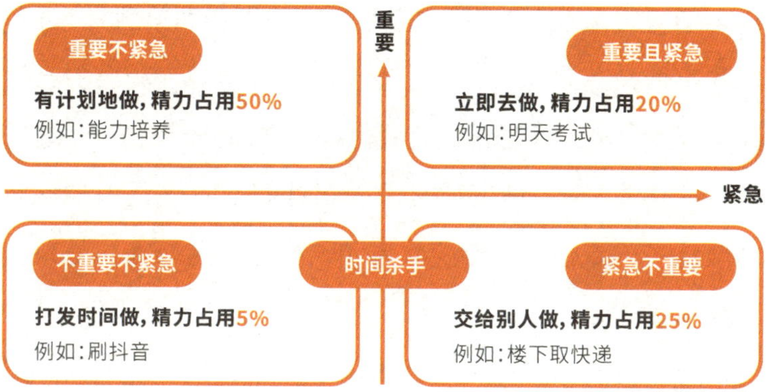


四象限时间管理法则

### – 外部干扰太多

常常有孩子抱怨："我爸妈总给我安排各种事情，一会儿看到哪个数学班好就让我去补习，一会儿又看到一个竞赛活动建议我去试试，一会儿又说哪个留学回来的老师很厉害，让我跟着去学英语口语。"这些往往都是在学期计划之外，家长因为担心孩子落后而临时加塞进去的项目。看似每个项目就只需 1 ～ 2 个小时，好像还能挤进孩子的日程里，但孩子本来已经有负荷重重的学习任务和不小的心理压力，这些加塞很快就会成为"压死骆驼的最后一根稻草"，不仅让孩子无法完成原本的计划，更让孩子心生反感，产生厌学情绪，得不偿失。

我们还常听到一类抱怨："我爸妈总是吵架，或者经常请亲朋好友来家里吃饭，或者总是进我房间给我送东西，这些事情打乱我的节奏，让我很难安心学习。我家的三只猫需要我照顾，学习再忙，我也得抽时间照看它们。”这是常见的环境干扰，家庭中不平静的氛围、过多的琐事都会分散孩子的专注力，影响效率和结果。而这些往往是家长们容易忽视的。

特别说明：宠物是增强孩子同理心、缓解压力很好的教育方式，但是需要把握度。在上学日，当孩子花在照顾宠物、与宠物互动上的时间超过了每天 1.5 小时，父母就需要和孩子讨论减少花在宠物上的时间了。在宠物严重影响学习的情况下，父母要与孩子商量把宠物送走。父母沟通的核心是让孩子明白当琐事影响了要事时，要有勇气做出取舍，每个人的时间精力是有限的，很多时候，无法既要又要，需要抓大放小。

## 父母关于学习的四大常见误解

### 考试成绩定义成败

考试成绩常常被视为评估学生学习成果乃至未来成功与

否的重要依据，甚至是唯一标准，因为它简单直接，好衡量。

而人更像是一件独一无二的艺术作品，是多元的、复杂的、不拘一格的、不断变化的，远非几个简单数值可以衡量。

过去十年，我们走访了世界 200 多所大学，有常青藤院校，牛津、剑桥这样的名校，也有不为大众所知、不参与排名内卷的小众学校。我们会问招生官：你们在各行各业有所成就的优秀毕业生都是怎样的？有哪些共同点？

我们得到的排名前三的特质是：（1）有自己热爱、愿意全身心投入的事情，这样才能不断创造，终身学习；（2）有利他之心，愿意用自己的知识、能力为他人解决问题，创造价值；（3）有领导力，情绪正向稳定，能够影响带动身边的人，也能在一起成事的同时成就身边的人。其他的关键词还有创造力、有趣、有韧性、有责任感、同理心、良好的人际关系等等。这些都是一个人的“心性”，是一个人内在的性格、品质，是我们生命的底色。我们也可以把这些称为“元能力”，因为这些能力是“无心”的 AI 永远无法替代的，是专属于“有心”的人类的本事，是变幻莫测世界里一个人内在的锚点，是陪伴我们穿越一切无常的法宝。家长需要花心思在日常生活中培养孩子具备这些能力。

2020 年，美国 300 余所大学宣布不再把 SAT（美国大学入学考试，类似于我国高考的标准化考试，俗称“洋高考”）成绩作为录取的标准；2021 年，1 600 所美国大学加入去标化考试的浪潮中。这里率先扛大旗的就是常青藤院校。我们在拜访这些学校的招生官时，他们亲口说，他们统计了过去十年及以上的数据，发现入校的 SAT 成绩和学生在大学中的学业表现、未来的就业情况没有正向关系，根本无法预测一个人在大学及未来的表现。既然如此，为什么还要去看这些成绩，让孩子为了这些考试浪费宝贵的生命呢？

在家庭教练支持过的上万个孩子中，有相当一部分大学学历一般、成绩平平，甚至因为种种原因中途休学进入社会工作。十年后回看，他们中获得外界定义成功（有前景的工作、有竞争力的收入、身心健康、成家立业）的比例并不比那些有名校背景者低。但无一例外，这些孩子都具备以上三个关键特质。心性的成熟才是让人持续活出内外富足的源头。

所以，成绩好不等于会成功，两者没有必然联系。看看今天社会上那些成功人士（比如著名企业家）或者你身边那些混得不错的人，许多并不是当年的学霸，也没有名校背景，但一定有以上三个特质中的某一个。看明白了这点，父母就会放下一定要让孩子取得好成绩的执念，把注意力更多放在培养孩子的元能力上。

教育的本质是培养人，先成人再成才。无数事实已经告诉我们分数不会让人走向幸福，工业时代需要的小镇做题家一定不会是未来 AI 社会需要的人。当父母把成功的评价指标从冰冷的数字变成孩子的心性成长、内在幸福感时，就不会再如此焦虑、内卷、疲惫。相反，父母离孩子这个具体的人更近了，去看见这个独立的生命，去欣赏他的独一无二，就会真正看见他的美好，听见他的心声，发现他的热情所在，点燃他的天赋之光，让他在追求热爱中活出幸福的人生。

## 只有来自学校学习的内驱力才叫内驱力

前面提到的“不想上学，买卖二手衣服”的孩子，究竟有没有学习的内驱力呢？

答案是有，只是这不是父母认为的内驱力。父母总是以为，只有在学校学习上的投入才是内驱力的体现，可哪知这个孩子真正的内驱力来自他对服装设计的热爱，来自父母眼中的那些“无所事事”。孩子在课外花了大量的时间自学画画、网络营销，这都是能实际应用、能迁移到其他领域的重要能力，这些当然是学习。

后来，在家庭教练的帮助下，父母逐渐接纳、支持孩子走艺术这条路，把孩子转学到艺术学校。孩子有一半的时间可以在学校的艺术课堂里尽情发挥创造力。原来被认为浪费时间的事，现在成了最正经的事。孩子的热爱变成了每天的日常，这是多幸福的状态呀！从此以后，父母再也没抱怨过孩子缺乏内驱力了。孩子的天赋热情得以全然施展，亲子关系也好了很多。如今他已经大学毕业，如愿成了一名潮牌服装设计师。

试想，如果父母坚持逼孩子在原学校苦学文化课，孩子的心理状态会怎样？高中几年的亲子关系会怎样？家庭氛围会怎样？最终会如父母所愿，考上好大学吗？答案显而易见。

很多时候，孩子的内驱力并不是以我们想象的方式存在，而是以他自己热爱的方式存在。内驱力就在那里，不过是追求热爱时的副产品，从这个意义上讲，内驱力不需要被激发，需要的是被发现与被认可。而热爱，或者说每个人的天赋使命，是人人皆有的，如何寻找，第四章会展开详谈。

## 眼里只有结果，没有过程

很多厌学的孩子都有一句口头禅：在我爸妈眼里，除了成绩，什么都不重要。

而爸妈会说：不谈成绩母慈子孝，一谈成绩鸡飞狗跳。

说到学习，我们联想到的大多是结果性词汇：考试成绩、年级排名、升学结果、竞赛得奖……可学习这个词，拆开来看，“学”是过程，“习”是结果。学在前，习在后，也就是说有好的过程，才会有好的结果。

那么什么是过程？如何关注过程呢？

回想一件你喜欢做的事，你最先想到的是什么？你最先想到的也许不是这件事你做得有多好，取得过什么成就，有什么受人夸赞的成果，而是做这件事时的感觉。可能是听音乐时的放松感，可能是跑步运动时充满活力的兴奋感，可能是旅行时的惬意新鲜感，可能是家人朋友聚会时的爱和归属感。这些就是过程，过程是人的情绪、感受、状态和我们与周围的关系，是我们内在体会到的、真实的感受。人类的感受先于理性而存在，是真正主导我们行动的指挥官。这些美好的感受会让我们享受其中，更有能量，更专注，更有创造力，更有效率，自然会引向好的结果。

带着过程的视角，我们可以解构与重塑学习体验，让学习的过程变得更有趣。孩子可以和关系好的同学一起讨论完成作业，也许比一个人做速度慢点，但总比一个人感到无聊偷偷玩手机、看小说要好得多。这时候，慢就是快。孩子也可以听着喜欢的音乐背课文，用游戏化的趣味学习 APP 背英语单词，在遇到难题的时候有大人、老师可以提供及时的引导、支持，这样孩子不至于感到挫败、想到放弃。孩子学累了的时候，可以通过打球、玩一把游戏、逛街、撸猫、看剧、睡觉等方式有效放松，为自己充电，找到学习与休息的合适的节奏。

每个孩子都有适合自己的方式，家长需要花一些时间和孩子一起探索、寻找、尝试，最后一定会找到适合孩子的方式。这样，家长就可以让孩子获得更愉悦的学习体验。

当孩子享受（至少是不反感）学习的过程时，学习的结果一定会越来越好。

## 高考是唯一出路

高考，就是千军万马过独木桥，有许多孩子为此痛苦不堪。有的孩子成绩不好，找了各种补习班都没用，胡萝卜加大棒也不管用。孩子自我否定，家长万分焦虑，亲子关系剑拔弩张。其实，这就是中国许多家庭的现状。这是孩子的问题吗？是家长的问题吗？都不是。真正的问题是：单一的评价标准无法匹配个性与天赋多元的人。

爱因斯坦说，每个人都是天才，但是如果用爬树能力作为标准来评价一条鱼，那这条鱼这辈子都会觉得自己很笨，一无是处。

以考试为导向的学习是家长、孩子、老师最头疼的话题，高考未必适合一部分人发挥自己的特点与优势。这也是国家这些年大力发展各类职业教育，加强各具特色的创新学校建设的原因。从教育大环境来看，评价的单行道正转向符合人性的多元评价体系。

人的智能是多元的，如果家长只认高考，把高考金榜题名等同于人生的幸福成功，对那些天生充满创造性思维、协作能力、企业家精神、艺术表达能力、体育运动能力的孩子使用高考成绩这一单一评价标准，就会压抑孩子的天性，耽误孩子的发展，甚至人为埋没未来了不起的创新人才。

教育要顺应人的发展规律，我们来看看底层的规律是什么。

多元智能理论（Theory of Multiple Intelligences）是自20世纪80年代中期以来风行全球的国际教育新理念，它是由美国当代著名心理学家和教育学家加德纳（H. Gardner）于1983年在其《智能的结构》一书中率先系统地提出的。多元智能理论自提出以来，在美国、中国和世界其他20多个国家和地区的教育工作者中引起强烈反响。许多教育专业人士认为“多元智能理论是对素质教育的最好诠释”。

加德纳用数年时间分析人脑和人脑对教育的影响，在大量心理学实验数据和实例的观察分析的基础上，认识到大脑中至少有着多个不同的智力中心，因而，人类思维和认识方式是多元的，亦即存在多元智能。其中，语言智能、逻辑数学智能在传统教育中受到了高度的重视。传统的智力测试基本上都集中在这两种智力上，很多学校教育也集中在这两种智力上。这极大地抑制了多样化人才的培养，忽略了许多人才的潜质开发，也违背了教育的最底层逻辑“因材施教”。

多元智能理论模型

买卖涂鸦二手衣服的孩子，人际沟通智能和视觉空间智能都很发达，逻辑数学智能相对较弱，如果待在传统学校，这位潮牌店设计师的天赋可能就被埋没了。

多元智能有几个重要特点：

多元智能中的各种智力不是以整合的方式存在，而是相对独立的，各自有着不同的发展规律。因为每个人的智力都有独特的表现方式，每一种智力又有多种表现方式，所以很难找到一个适用于任何人的统一的衡量标准，来衡量一个人的聪明与否和成功与否。

实践证明，每一种智能在人类认识和改造世界的过程中都发挥着巨大的作用，具有同等的重要性。多元不是一种固定的数字概念，而是一个开放性的概念。个体的智能大部分是由先天决定的，小部分是由后天的生长环境与教育决定的。每个人一生中八项智能发展的程度有高有低。

孩子经由父母而来，但不属于父母。父母如果发现孩子是一棵松树，就欣赏、接纳这棵松树，给他适合的成长环境，照顾好他，不要因为父母想要一棵能结满果实的苹果树去用尽力气，转基因改变他，这样做会令他失去自我，失去存在的意义，是对生命极大的摧残。

既然高考不是唯一的出路，那高考之外的出路有哪些？

你可能会说，大环境就是如此，我们也不想逼孩子呀。

那么，你如何定义大环境呢？是孩子所在的高中，你所在的城市、省份，中国还是全世界？全球化的今天，我们的眼界有多宽广，孩子就有多少种选择。

这是一个学习在窗外、生活即教育、他人即老师、社会即学校、世界即教材的时代。学习的方式有万千，教育的路径可以由我们与孩子共同设计。

用实例来说，一些在高考体系下极度挣扎的孩子（许多孩子出现不同程度的抑郁或焦虑状态），在教练与父母的支持下，走出了自己的路。从初中开始数学物理不及格，但一直喜欢动手、热爱艺术的孩子，去了国内外的艺术学院，毕业后在各大美术馆策展；班上成绩垫底，经常逃课去猫咖，想开个面包店的孩子，去了职业学校学烹饪，毕业后开了自己的面包坊，之后还开了分店；对背单词、刷题没兴趣，但擅长社交、喜欢参与社会活动、和他人一起组建社团的孩子，去了给予学生更多自我探索空间、重视创造力培养的创新型学校，尝试创业赚回了学费；不想内卷，坚持休学，对世界充满好奇的孩子，打破了学校的围墙，一边线下参与各类自己喜欢的研学项目，一边上着国外网络高中课程，顺利升入世界名校读大学。还有一些有商业头脑、创业点子的孩子直接进入社会大学，在各种真实的商业项目中历练，创办了自己的公司，发展迅猛。跳出独木桥，跟随心之所向，这些孩子的生命力复原了，从低迷走向绽放，家长们也从焦虑、无望走向松弛，对孩子的未来充满信心，感谢当初那份与孩子一起不走寻常路的勇气。

这些并不是特例，而是过往这些年我们深度陪伴的家庭的真实故事。无论贫富，无论生活在几线城市——跳出单一评价的轨道，人生无限可能的旷野一直在那里，等着孩子们驰骋。

所以因材施教首先是让天赋（多元智能）显现，然后是为天赋找到适合的土壤生长（选择适配的教育与认知资源）。这就是家长能为孩子做的最负责任的事。事实上，很多了不起的创新，就是在这样的前提下发生的。要相信，世界之大，有足够的空间给每个人绽放。

父母养育孩子，不是要将他培养成“应该”的样子，而是要守护一个生命原本的精彩。每个孩子都有自己的心之所向，在青春期会逐渐显露。父母需要放下过来人的经验，带着好奇、开放的心态观察孩子的品性、喜爱与擅长，和孩子一起探索、选择适合他的道路，不必在一条赛道上挤得头破血流，牺牲身心健康，最后弄得连安身立命之本都没有了。这一定不是为人父母的初衷。

在网络如此发达，世界各地越来越互联的今天，许多优质教育资源对外开放。作为一个自由独立的人，我们永远都是有选择的。如果孩子已经超过一年以上表现出难以适应学校生活、厌学等情绪，甚至出现焦虑、抑郁等心理状态，家长们找了专业支持依然没有明显好转，就要认真考虑把孩子从独木桥移植到外面的绿洲里了。

生活和教育本就是一片旷野。生命从旷野中来，需要到旷野上撒欢。而旷野足够大，彼此不再拥挤，每个人都可以走出自己的道路。

## 家庭教练支招：学习内驱力在“别处”，从被你忽视的地方激发内驱力

家长们常说的内驱力是个很笼统的概念，因此很难找到行之有效的抓手。其实内驱力人皆有之，重要的是找到激活它的方法和规律。

### 认知上：蜜蜂采蜜——内驱力三层理论

“蜜蜂采蜜”是一种用来解释个体行为动机的理论模型，也被称为内驱力三层理论（The Three Layers of Intrinsic Motivation）模型。这个理论是由心理学家爱德华·德西和合作者在 20 世纪 60 年代提出的。它将内驱力分为三个层

次，解释了个体为什么会进行某种行为。这是进化使然的自然规律，蜜蜂如此，人也是如此，我们顺应了规律，才会有更好的结果。

内驱力模型

这三个层次分别是：

自主（Autonomy）：指个体对自己行为的选择和控制程度。当个体感到拥有自主权时，更有可能感到内在动机，因为他可以根据自己的价值观和兴趣来行动，通俗地说，就是“我为自己想要的而付诸行动”。比如，蜜蜂在采蜜时具有自主权，可以自由选择花朵。

能力（Competence）：指个体在某一领域内的技能、素质及潜力的水平。当个体感到他有能力成功完成一项任务时，更有可能感到内在动机，通俗地说，就是做好一件事带来的成就感。比如，蜜蜂在采蜜时展示出高超的飞行技能和采集花蜜的技能。

关系（Relatedness）：指个体与他人之间的关联和连接。当个体感到与他人有积极的关系时，更有可能感到内在动机。比如，蜜蜂是社会性昆虫，它们之间的协作和联系促使它们采蜜。

总的来说，这个理论表明，内驱力受到自主、能力和关系这三个层次的影响。当这三个层次得到满足时，人更有可能感受到内驱力，更倾向于进行某种行为。

基于内驱力的三个层次，我们来看看如何激活孩子的内驱力。

### - 自主：目标转换——让父母的目标变成孩子的目标

教练型父母的状态：好奇。

举例：让孩子很快完成作业，不拖延，这是妈妈的目标，如何转换成孩子的目标？

描述事实：你今天作业不多，但是做到了晚上九点，没有时间出去玩，妈妈也感到很遗憾。

表面意图：妈妈也希望你有时间休息放松，想陪你达成目标，既完成作业，又有时间出去玩。

转换目标：能不能告诉我，你希望每天花多少时间完成作业？有多少时间来玩？你希望如何平衡写作业和玩耍的时间？

### - 能力：顶天立地——仰望星空，脚踏实地

教练型父母的信念：相信孩子。

孩子的热爱与梦想是内驱力的源头，它会让人感到激动、心潮澎湃，充满动力。这股能量化为马上可以开始的行动，就会让内驱力的飞轮快速转动起来，在行动中提升能力，在能力提升中越来越靠近并最终实现自己的梦想。这个过程就叫“顶天立地”。

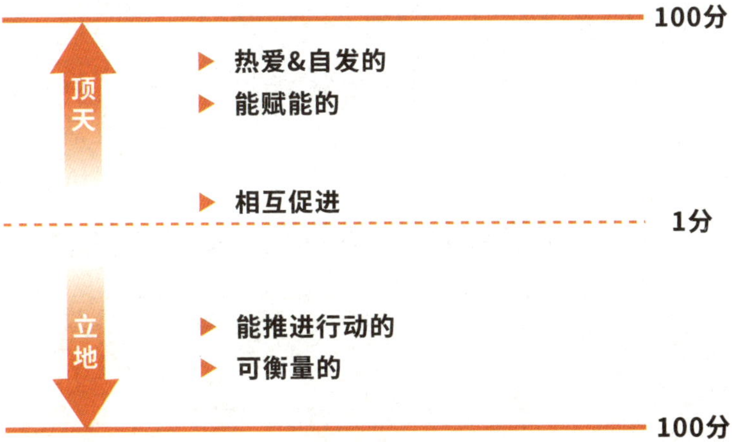


顶天立地

### - 关系：有氛围、有约定、有复盘

教练型父母与孩子的关系：欣赏 & 陪伴。

好的关系成就好的教育，关于内驱力的谈话更需要在信任、安全的氛围里进行。

有氛围：是否适合谈话？孩子感受到安全/爱还是指责/怀疑？

有约定：分工的约定——父母与孩子各自可以做什么？庆祝的约定——做到了会如何庆祝？提醒的约定——没有做到时，相互间如何提醒？

有复盘：阶段性的成功和失败都是学习的机会。过程中的感受是什么？有效的是什么？可以改变的是什么？接下来可以如何做？

当符合自然规律的三个层次都满足了，内驱力就会蓬勃生长。

激活内驱力三步法

## 行为上：停止用学习惩罚生活，在九宫格里找到学习的意义与热爱

### – 将课外的学习能力迁移到学科学习

前面说过，每个人都是天生的学习者，孩子们常常在自己的兴趣爱好上表现出很多优秀的品质，学得很快。家长们也常说打游戏倒是既专注又持之以恒，还特别精进，这股劲儿要用在学习上可就太好了。好消息是，稍加引导，这股劲儿就可以用在学习上。这可以通过“肯定认可 + 启发思考”来实现。下面以一个简短的教练式对话来说明。

教练：听说你 ×× 游戏打得特别好，都到 ×× 级别了。我听说这个游戏进阶很难，你好厉害啊！能和我分享你过五关斩六将的秘诀吗？（肯定认可）

小 B：（有点害羞）其实还好啦，就是观察别的厉害的人每次在什么情况用什么招儿，然后记下来；要是还不够资格学这招儿，那我就再多做做任务，也没有那么难。

教练：哇！你都有自己的策略了（继续肯定认可），所以你成功的秘诀是：向厉害的人学习取经，然后不断巩固提高自己的战斗力（归纳提炼出可迁移的能力）。我突然联想到，上次咱们在聊你物理期中考试没达到预期的事儿，我感觉你现在的物理也许还没有这个游戏难呢，既然你打

游戏这么厉害，又擅长总结战术策略，那么我挑战你一下，你感觉这里有什么经验可以迁移到物理学习上呀？

小 B：（想了想）这个我之前从没想过，如果硬要关联的话，大概也可以去问下那些物理比较厉害的人是怎么学的，有什么诀窍，不会的题可以问他们。然后把没掌握或者容易错的题多做一些练习巩固一下吧。

教练：你这学习力果然超凡，没想到这么快就想出了两个厉害的办法，好多人真的就是用这两个办法提升成绩的（继续肯定认可，给予信心）。那我们这个月试试这两个办法，看看效果？有用最好，没用咱们再一起找别的办法。

一个月后的月考，小 B 的物理成绩首次达到了学期初和教练一起定的目标。后面不需要谁再提醒什么，遇到难搞的学科，小 B 都用这个办法，效果显著，各科成绩都有了明显提升。有了像游戏里那样的正反馈，小 B 也越学越有劲了。

其实，任何事要做出成果来，底层逻辑都是相同的：意愿 + 向比自己厉害的人 / 事学习 +（基于反馈的）练习 = 成果，所以任何一件孩子做得好的事情，我们都可以用这样的对话，把核心能力迁移到学习上来。而这种迁移能力本身也是受用终身的能力。

### – 先扬长后补短

我们都听说过木桶效应。木桶效应也称短板效应，指的是木桶的短板决定着木桶能盛多少水。类似地，学习中扬长重要，补短同样重要。不知道多少人听说过木桶效应的另一个版本：将着力点放在木桶的长板上，设法让长板更长，然后将木桶倾斜，随着长板长度的增加以及倾斜度的调整，同样可以不断提升木桶的容量。

那么学习上究竟该扬长补短，还是扬长避短呢？这要看具体情况。在高考体系中，如果孩子学业中有明显的短板，比如其他科目都是中高水平，数学却常常不及格，严重影响孩子的升学机会，那么确实要补短，需要家长和孩子达成共识，同时和孩子一起建立合理预期。多元智能理论告诉我们，每个人就是有所长和有所短，比如数学学不好的孩子通常是数理运算的先天智能偏弱，父母不要拿自家孩子的短处去和别人家孩子的长处比，补短不易，短变不了长，不要求拔尖，达到平均水平已经是最好的结果。父母不要让孩子因为数学没有其他学科那么好而陷入自我否定、焦虑，丧失学习的信心，那会是全盘皆输的结果。

这里也需要讲究方法，不要威胁、恐吓孩子：你数学太差了，必须补起来，不然考不上好大学，以后怎么办（这会吓着孩子，让数学成为其心病，影响精神状态）。父母要先肯定认可，再提建议，告诉孩子：“你看，其他学科你都学得挺好，你的努力都有回报，而且一定会越来越好；数学可能确实不是你擅长的，但是我们相信如果你在数学上比其他学科多努力那么一点，肯定会有所收获，整体学业水平也会上升不少。”同时，不要把大部分精力花在补短上而忽略了扬长，长板足够长是可以弥补短板的，扬长的效果更显著。不要捡了芝麻，丢了西瓜。

如果孩子在高考体系之外，应尽量扬长避短。绝大部分体制外的学业体系评价方式是多元的，选课灵活度更大，进入高中阶段有的课程不必学三年。进入高年级后，学生可以根据兴趣、所长、未来的方向选择自己更擅长的学科继续学习。比如孩子已经确定未来要读历史或者文科方向，就不必再选择高阶的数学和物理，哲学、心理学、人类学等人文社科类学科更符合孩子的特点，孩子学起来更得心应手，学习的体验和结果都会更好。

### – 迈出“甜蜜的小步子”，进入学习正向循环

“小步子”，大家都理解，是把比较难的大目标拆成相对容易达成的小目标，那么“甜蜜”是什么意思？教育家苏霍姆林斯基说：“成功和快乐是一种巨大的情绪力量，它

可以促进孩子好好学习的愿望，请你记住无论如何不要使这种内在的力量消失。”“甜蜜的小步子”，会让孩子看到努力与积累带来的改变，获得成就感，增强自信心。这样，学习就变成了快乐的体验，这种积极的情绪特别需要保护，是获得进步的源泉。很多我们口中学习差的孩子，在学习中获得的负向反馈远远大于正向反馈，常被指责“怎么这么简单都不会”“讲过了还错，能不能用心点”“你看你们班那个谁谁谁，多向别人学着点”。这些指责带来消极情绪，让孩子讨厌学习、讨厌家长，甚至讨厌自己。所以，家长们不要吝啬陪伴孩子持续地迈出“甜蜜的小步子”。

具体怎么做呢？拿学英语为例，大目标是期末英语成绩提高 15 ～ 20 分，小目标是每次月考提高 5 分。家长、孩子、老师一起分析后发现最薄弱的是单词和语法。“甜蜜的小步子”就是周一、周三、周五背 10 个新单词，复习上次背的 10 个单词；周二、周四、周六做 5 道语法题，复习上次的错题。这是最简单的任务，只要孩子有学习的意愿，就可以轻松完成。当孩子达成小目标后，父母一方面要给予言语的鼓励，引导孩子不要停下来；另一方面要一起庆祝，比如吃顿美食，买一个孩子想买的东西，用这种积极的情绪体验带动孩子持续往前走。当小目标一个个达成时，孩子就会相信有方法的学习、小步子原理真的有效，将之内化成自己的心得。

从今天开始，就和孩子一起迈出“甜蜜的小步子”吧。

### – 他山之石，可以攻玉——在九宫格里找到内驱力

教育就像中医，遇到问题，绝不能头疼医头、脚疼医脚，唯有系统地看待，才能真正找到解法。

所以当孩子不爱学习时，先放下马上去“治病”、去“纠正”的本能反应，看看孩子周围九宫格的生态是健康平衡的吗？九宫格里的每个维度对孩子都很重要，彼此关联，相互影响。

孩子打游戏，可能是因为新冠疫情期间只能和朋友们上网玩，满足社交需求；孩子讨厌上学，可能是不喜欢班主任或者某位任课老师，或者和好朋友吵架了，不知道该如何面对；孩子突然对某件事感兴趣，可能是受到了偶像的影响，心之所向，并非突发奇想；孩子不愿意和父母交流，可能是因为父母眼里除了学习没有其他，一起爬个山都能联系到攀登学术高峰，和父母在一起无聊至极，“压力山大”，无话可说，干脆不说。

而孩子也会因为喜欢一个老师而喜欢一门课，因为喜欢一个异性而希望变得像他一样优秀，因为喜欢看宇宙探

秘的纪录片而爱上数学、物理。

接下来通过示例看看如何在九宫格里挖到激活孩子内驱力的宝贝。

### 教练式对话案例示范－从休学到复学，九宫格里的阻力变动力

小C，15岁，已经在家休学一年多了，熬夜看动漫，每天睡到中午，状态低迷。父母一直以为孩子因为厌学，不喜欢老师而不想上学，费尽心思给孩子找各种名师，希望重新点燃孩子对学习的热情，激发内驱力。但孩子见了一次名师就再也不想见了。

在第一次和孩子的沟通中，家庭教练使用“青少年全人发展九宫格”进行对话，从孩子生活中的关键维度入手了解孩子的生命状态，发现孩子不想去学校的主要原因并不在老师，而是班里的氛围、同龄人的语言霸凌让她讨厌学校的环境，不知如何面对，然而这些在父母看来都是借口，无足轻重。

教练式对话是这样展开的：

教练：不去学校的这段时间，你喜欢做什么呢？

小 C：（无精打采）看动漫、去漫展、去猫咖待着……

教练：那你的生活也挺充实的，没躺平呢。这种生活你想过多久呀？

小 C：（有些无奈、迷茫）现在这样挺好的，但是也不会一直这样，肯定要找点事儿做。

教练：我们先不考虑升学考试这些，你想做什么呢？

小 C：（语调上扬）我想开个猫咖！

教练：这个想法很有意思，为什么？（不带评判的好奇）

小 C：（憧憬期待）我平常喜欢去猫咖，猫咖很受欢迎，生意好，能赚钱，还可以自己做咖啡、养猫，我都很喜欢，对我而言简直是理想生活。

教练：听上去确实很惬意呀，那你想什么时候开店呢？

小 C：至少高中毕业之后吧，现在还没这能力……

教练：开猫咖需要什么能力呢？

小 C：（非常有条理）我看过网上 N 个猫咖店主的采访，除了做出好看好喝的咖啡，最重要的是学管理和商业经营这些，还要会记账，懂宣传营销，怎么吸引顾客。但是我现在的学校是不可能教这些的，去了也是浪费时间。还不如去猫咖待着，看人家是怎么做的。

教练：哇，你做了这么细致的调研，而且已经在向有经验的人学习了，感觉离你的梦想越来越近了（欣赏认可）。那如果有一所学校有创业/商业课，或者能让你在学校给同学们做咖啡或卖咖啡，你是更愿意去这样的学校，还是愿意继续现在这样？

小C：（两眼放光）还有这样的学校吗？那我当然愿意上学了，文凭还是重要的，学科学习在哪儿都枯燥，但是能做喜欢的事，也能忍，能给我推荐几所这样的学校吗？

教练：当然，这样的学校其实很多的，公立、私立、国际学校都有，我发几所学校的链接给你看看，你也可以自己上网搜搜。

小C：（激动不已）好啊，我现在就去找，找到了告诉你。

一天以后，小C激动地告诉教练，已经锁定了三所有咖啡社团的学校，还有一所学校有创业课，约好了之后两周去访校。访校后，小C选择了自己喜欢的两所学校，准备九月份就入学。为准备入学考试，小C让妈妈把之前找的补习老师都找回来，开始了为期五个月的补习，每天按计划学习，几乎不需要人督促，最终被其中一所学校录取了。

小C在新学校开启了人生新篇章，成为咖啡社团的负责人。妈妈说："孩子眼里有光了，之前那种萎靡的状态像是上个世纪的事。我和她爸爸的状态也松弛了很多，我们还支持小

C 在运动会的时候给全校的学生提供咖啡能量补给站。她现在立志考商学院，以后和同学一起开连锁猫咖店。”为梦想活着的每一天，小 C 都充满动力。

休学了一年多的小 C，在与教练对话后，找回了上学的动力，在五个月内成功复学，还找到了让自己热血沸腾的目标。

神奇的不是教练与小 C 的对话，是这里的教育生态观。小 C 休学看动漫，父母尝试过锁电脑、收手机、找课外辅导老师等方式，全然徒劳。这些就是前面说的“掰树叶”的做法，解决不了问题。当我们跳出问题本身，站在孩子生命系统的层面去看，很容易发现孩子不是讨厌学习本身，而是因为同伴关系和学校的氛围不想去学校；只要找到同频伙伴，能做喜欢做的事情（兴趣），就愿意上学。换了更适合的环境、更滋养的土壤，小树自然茂盛生长。这就是生态观的力量。九个维度相互关联、彼此影响，决定了孩子的生命状态，影响孩子的身心健康。

九宫格里藏着孩子的内驱力，当我们放下过往经验、评判、建议、执念，全身心倾听孩子、与孩子的心灵为伴时，就一定能感受到这股带着巨大能量的热情。这是一个年轻生命想和世界连接，想活出自己使命的本能。接住它，欣赏它，鼓励它，当孩子的内驱力喷涌而出，孩子就会带领我们去到一个超乎我们想象的世界。

孩子不是等待被填满的容器，而是自带光芒的火种。放下对成绩、分数的执着，欣赏每个孩子的独特光芒，让每个孩子都能有意义地学习，有尊严地生活，父母也会在养育孩子的过程中变得松弛、愉悦。

# 第四章

# 兴趣爱好

从可有可无到必不可少，

让兴趣爱好点亮生命意义

家长们找到教练，有个很普遍的烦恼，大概意思是这样：“都说兴趣是最好的老师，学校学习的内容引发不起孩子的兴趣，孩子除了玩手机、看小说，似乎对啥都不感兴趣，没什么正经的兴趣爱好。”而当教练深入了解后，无一例外地会发现，每个孩子都有自己热衷的事、愿意投入时间钻研的事，只是这些事不是家长认为的类似琴棋书画、体育舞蹈之类的“正经爱好”。

用心观察我们就会发现，孩子的兴趣爱好往往藏在那些碎片化的、闲散的，甚至在家长看来不务正业的时光中。那是孩子做真实自己的时候，也是真正的兴趣展现的时候。

“兴趣是最好的老师”，正确理解这句话，不只是要关注结果，更要关注过程。首先需要家长发现孩子的兴趣爱好，再支持他们深入发展兴趣，最后让兴趣爱好点亮他们的生命意义，成为孩子成长道路上的一束暖光，陪伴他们活出热爱的人生。

这就是我们在这一章要一起去探索的。

## 青春期孩子关于兴趣爱好的三大常见难题

### 没有兴趣爱好，对什么都不感兴趣

不少家长很早就意识到兴趣爱好的重要性，从幼儿园开始就为孩子安排各种各样的兴趣班，带孩子体验琴棋书画、体育舞蹈等，试图找到孩子感兴趣、愿意坚持下去的兴趣爱好。

可从幼儿园一路尝试到小学，到了孩子三四年级，一些家长开始焦虑发愁了，为什么参加了那么多兴趣班、课外活动，孩子到现在也没表现出对哪个特别感兴趣、特别有热情，好像都是可有可无的。孩子是不是有什么问题？为何什么都激发不起他的兴趣？是不是家长的培养方式有问题？

这样的家庭往往有一个特点：家长对教育很上心，竭尽所能，积极寻找教育资源，把孩子送到各种兴趣班进行“全面发展”。周六上午小提琴、下午书法，周日上午游泳、下午英语口语课，孩子周末十分忙碌。周末上课，周中练习，大人也累，孩子也累，最后时间精力花了不少，好像还一无所获。问题究竟出在哪里了？

## 有兴趣爱好，缺乏毅力，容易放弃

初一学生小 A 的妈妈来找家庭教练，很苦恼地表示：小 A 从小到大，学过钢琴、油画、滑冰，最开始她都表示愿意学，但学了一段时间，就抱怨枯燥无聊或者难度太大，不想继续学了，也不去考级了。小 A 妈妈认为，没有哪一项技能是简单又有趣的，遇到困难了就要努力去克服，花了那么多时间、精力、学费，总要有所成就，如果只想着放弃，那最后会一事无成。

而小 A 觉得妈妈在逼她。她认为兴趣爱好就是有兴趣的时候做做，没兴趣的时候先放放，没必要一直学下去，没必要苦练，否则就不叫兴趣爱好了。

为此，母女俩有过很多的争执，打翻过油画架，有次还差点把钢琴砸了。小 A 暂停了所有兴趣班，现在对妈妈推荐的任何活动都本能地抗拒。母女俩因为兴趣爱好陷入了亲子关系的僵局。

## 兴趣爱好多而不精，浅尝辄止

和前两种孩子被动的态度不同，还有一类常见的情况是，孩子很主动，经常提出要做这做那，上个月说对打篮球感兴趣，下个月又说不打篮球了要参加合唱团，过两个月又说合唱团没意思，要用所有课外时间研究AI作画，再过一段时间迷恋上了一款游戏，说以后要做游戏设计师。

家长对此同样苦恼：孩子兴趣爱好太广泛，但多而不精，浅尝辄止。仔细了解，通常背后有两类原因：

其一，孩子天生思维活跃、好奇心强，喜欢尝试新事物、学习新东西，也容易对一成不变的旧事物丧失兴趣，需要新的刺激点来引发兴趣。这是天生性格所致，家长不必太担心，可以让孩子尽情探索，随着年龄的增长，孩子需要自力更生，就会选择一项深耕下去。

其二，真正重要的不是做什么，是和谁一起做。对于青春期的孩子来说，同伴的认可与接纳是归属感的主要来源之一，所以很多时候孩子“见异思迁”，是好朋友影响或随大流的结果。最近朋友圈流行某款游戏，孩子就会去打这款游戏；最近大家都在展示自己的手账，孩子就会去买手账本；最近几个好朋友都学街舞了，孩子就会让家长给自己报街舞班；最近好朋友们喜欢看美剧，孩子就会开始刷美剧，甚至想要提高英语口语水平。

孩子会通过关注身边朋友所关注的，热爱朋友所热爱的，换来共同的话题、谈资，从而被朋友们接纳和认可，在交友圈中获得自己的一席之地。这是孩子构建自我同一性的重要部分，这时，共同的兴趣爱好就像一张友谊的入场券或者一把守护友谊的保护伞。

## 家长关于兴趣爱好的三大常见误解

### 琴棋书画才算兴趣爱好

大家还记得在第三章我们举的两个例子吗？一个孩子不想上学，买卖二手衣服，一个孩子休学想开猫咖。家长不是不知道孩子对什么感兴趣，只是买卖涂鸦衣服、喜欢猫咖这类事情在家长眼里实在算不上兴趣爱好，也根本没前途。事实上，大部分未来的职业不是我们今天可以想象的，AI 时代，瞬息万变，大量今天的工作、职业在十年后甚至会消失。但有一点是确定的，未来是由孩子们创造出来的，所以家长不要用过去和现在的认知去框住属于孩子们的未来。

当认知局限了，家长就会错过支持孩子培养兴趣爱好并发展为未来职业方向的机会。

所以，我们首先要拓宽对兴趣爱好的认知。兴趣爱好是指个人喜欢并投入精力的活动或领域。兴趣爱好可以包括各种各样的活动，例如运动、艺术、音乐、手工艺、科学探索、社交活动等。在从事兴趣爱好的时候，人感到快乐，有成就感，感到满足。兴趣爱好能发展技能、拓宽视野、丰富生活。从概念回到前面的例子来看，买卖涂鸦衣服其实是艺术和手工艺方向的兴趣，确实带给了孩子快乐、成就感，也能够不断发展孩子的技能。猫咖的社交属性很强，孩子享受与人的连接，给人带去放松舒服的感受，这会让她有成就感。还有的孩子热爱运动，课堂之外的所有时间都在球场上，无论输赢热情依旧，平常也酷爱体育类的节目，那么家长就要开始关注并思考也许体育才是孩子的心之所向。

每个孩子都有自己的兴趣所在，家长需要放下预设和评判，留心观察，多与孩子交流，去发现孩子做什么事情是真正享受其中、不用人提醒愿意主动花时间，甚至不那么在意结果的，这就是孩子的兴趣所在。带着充分的好奇，仔细观察，你一定会发现，孩子的兴趣不只有上网玩游戏。

## 兴趣爱好比赛获奖才算有意义

孩子能在兴趣爱好相关比赛中获得奖项固然很好，但获奖和助力升学绝对不是目的。想想家长们看重的艺术考级、奥数竞赛、英语竞赛等等，扼杀了多少孩子原有的兴趣，竞技场和丛林法则之下只有压力，何来乐趣？

一些家长甚至不顾孩子的喜好与天赋，参考特长生升学要求为孩子精心挑选助力升学的兴趣班，硬生生地把孩子繁忙学业中唯一的心灵乐土变成了角逐厮杀的赛场，把兴趣这个本应随着内在天赋绽放舞动的天地，变成了标准化升学的冰冷工具，也把自己和孩子从鲜活的人变成了升学机器，这显然违背了生命有机成长的规律。家长费劲，孩子痛苦，就算短期内可以苦练出成果，但消耗的是孩子未来生命的热情与能量，耽误的是真正天赋生长的时间与空间，从因材施教、让每个孩子能在热爱中实现自我的养育目标来看，更是本末倒置、竭泽而渔的做法。

我们一起看一个真实案例，有个孩子小学时因为听了一首小提琴的演奏曲，心生向往开始学习小提琴，但老师和家长却更在意考级，认为考级才证明有进步，才有助力高中升学的可能，学琴才有“真正”的意义，不然等于没学。于是，孩子所有的练习围绕着考级进行，大多是技巧性训练，难度高又很枯燥。为了考级，小学后三年，每天练琴 2 小时，假期 4 小时，孩子性格比较柔和，就这样一直考到了七级。到了中学学业负担加重，考级级别升高，练琴难度陡增，而孩子喜欢的那些动听的曲目从来没有出现在练习谱里，初二时孩子终于不堪重负，开始反抗，不愿考级，为此家庭冲突不断。最终她还是放弃了学琴，家长一气之下把琴也卖了，以艺术特长助力升学的目标未能实现。

高中阶段，父母常常会惋惜：当初你要再咬咬牙，就可以……孩子听到这样的话，常常会咆哮着回应：求你们别再拿学琴说事了，过去的不会改变，我也不想改变！整个高中，孩子再也没有拉过琴，甚至不再听小提琴演奏曲目。

后来这个孩子上了大学，大二那年学校的乐团招募小提琴手。乐团会在学校大大小小的活动中演出，可以自主挑选曲目排练，除了一些经典曲目或者脍炙人口的流行音乐，还可以自己创作，目的就是让同学们感受音乐的美好，放松心情，舒缓压力。孩子冰封多年的热情重新被点燃，于是用零花钱买了琴日夜练习，加入了乐团，还搞起了创作，享受其中。

乐团在学校很受欢迎，同学们也非常欣赏和喜欢她，她的大学生活充满了美好的回忆。步入职场后，拉琴依然是她排解压力、放松自我、陶冶情操的重要方式，成为她生活中不可缺少的一部分。在公司年会上她也会表演，还因这一爱好而收获了美好的爱情。

所以，兴趣爱好的真谛在于点亮天赋与生命力，而非浇灌功利的土壤，不在于比赛获奖，而是让人感到乐趣，带给人成就感。这是兴趣持续下去的前提。一个人成就感的获得来源于做一件事为他人创造价值后所获得的正向反馈，这些正向反馈会让人感到自己在做一件有意义的事情。这个价值有时是显性的，比如一件自己设计的衣服、一杯自己做的手冲咖啡、一首自己创作的乐曲、一场篮球赛的胜利，但更多时候是藏在背后的隐性情绪价值，是一件衣服带来个性彰显的自信与归属感，是喝到一杯精心冲泡的咖啡的幸福感，是演奏一首优美乐曲的沉浸与陶醉，是在篮球场上奔跑酣畅淋漓的自由感。这些感觉让人们生生不息，充满创造力。

情绪价值是这个时代最需要，也是最长久、最珍贵的价值，既能丰盈物质生活，更能滋养灵魂成长。如此深邃而广博的生命体验，怎能被冰冷的分数和单薄的奖状所衡量评价呢？

在发展兴趣爱好时，我们得以与他人、与世界建立积极的情感连接。兴趣爱好让我们活在爱的关系里，让我们感受到生活的乐趣，甚至存在的意义。这份源自热爱的喜悦恰恰是治愈青少年空虚、无意义、迷茫、抑郁等情绪的良药。

## 不擅长的兴趣爱好就趁早放弃

不擅长的兴趣爱好要硬扛下去吗？有时候，放弃某项不擅长的兴趣爱好可以让人有更多时间和精力去专注于其他更有潜力或更符合兴趣的活动。然而，在决定放弃之前，我们可以与孩子共同思考以下几个因素：

- 兴趣和热情：即使不擅长，但你如果有浓厚的兴趣和热情，愿意付出更多努力去提高自己的技能和水平，也可能会变得擅长。

- 挑战和成长：有时候，克服挑战可能会带来更大的成长和满足感。这是开发潜能、自我突破的好机会。

- 个人价值观与长远价值：考虑这项活动对个人成长和发展的价值。尽管你并不擅长，但如果这项活动能够带给你快乐、成就感，培养某种能力或是与他人的良好关系，这就是坚持下去的意义。

举一个本书作者的例子。本书一位作者的初中老师说她作文写得不好，但她喜欢用文字表达想法，也知道再好的想法要落到文字上才会被看见，才可能传播。她的父亲告诉她，你有你的风格，不用和所谓好的文章去比较，写作是个人化的东西，按照自己的想法写就好了。所以她一直没放弃写作的爱好，但也没有苦练，有时每天写一点，有时几个月写一点，兴致来了就写，顺其自然。过去十年，从发朋友圈到更新自己的公众号，创作多篇文章，如今又在写书。她依然不敢说自己多擅长写作，但写作首先带给她快乐、丰盈的感受，又能带给他人一些启发，创造一点情绪价值，有时还可以以文会友，这于她就是最大的意义。

但是，如果为了兴趣爱好投入了大量的时间、精力、资源，试过了多种方法，仍没有明显的收获与进步，那么即便喜欢，也可以考虑减少投入或降低优先级。我们的生命有限，喜欢的事情会有很多，可以做的事情也很多，趁早把有限的资源、时间投到其他有兴趣也更有潜力的领域，我们会收获更多的快乐、成就感，创造更大的价值。

比如，本书一位作者小时候痴迷天文，想做一名天体物理学家，加之父母也是学物理出身，她本以为这会是自己的人生道路。初中刚学物理的时候，她充满兴趣，然而第二年就发现很不擅长力学，不管怎么努力，物理成绩仍在及格线徘徊。她没有硬扛，也接受了自己未来不会做天体物理学家的现实。那时，她第二喜欢的学科是英语，对做英语老师也挺有兴趣，于是高中果断选择文科，大学如愿以偿读了英语教育专业，后来在教育领域闯出一片天地。如果当年选择了热爱但不擅长的物理，大概率是吃力不讨好，早晚要放弃，甚至会因此让热爱变成了厌恶。

## 家庭教练支招：让兴趣爱好成为点燃孩子生命意义的火花

### 认知上："无用"有"大用"，积极心理学 PERMA 模型

什么样的兴趣爱好会让我们真正有热情、持续深入下去呢？在亲身经历与大量案例中，我们发现，那些能带给人快乐、成就感、让人愿意持续精进的兴趣爱好都符合 PERMA 模型里的几大要素。

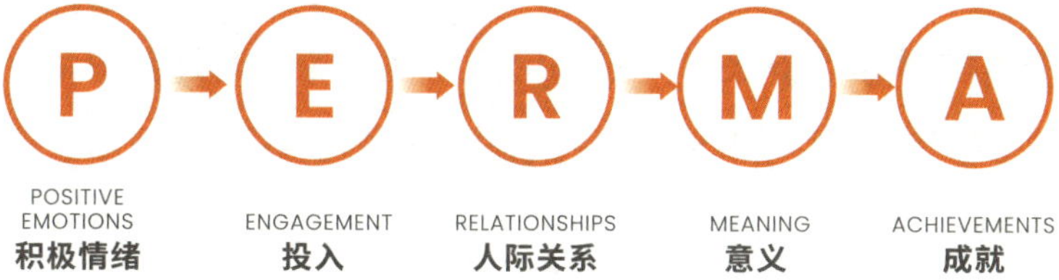


PERMA 模型

PERMA 模型是由积极心理学之父马丁·塞利格曼（Martin Seligman）在《持续的幸福》一书中提出的，旨在探讨实现幸福生活的五个关键维度。这五个维度包括：

- P（Positive Emotions，积极情绪）：体验到的正面情绪，如幸福、兴奋、快乐、满足、充实、感恩和希望等。
- E（Engagement，投入）：完全沉浸在一件事中的状态，

即所谓的心流。在这种状态下，我们全然沉浸于当下，忘记了时间的流逝，甚至感觉到和万物融为一体，有很强的满足感和充实感。许多了不起的创造发明都是在心流状态下诞生的。

- R（Relationships，人际关系）：与他人的积极关系，包括家庭关系、朋友关系、同事关系等，这些关系为我们提供社会支持和情感满足。

- M（Meaning，意义）：描述的是个人与世界的关系，是超越个人而存在的更高价值，是把个体的生命融入更宏大的叙事中去，是小我与大我的合一。意义感是真正让我们不断跨越挑战与逆境，超越自我的源头力量。当我们感觉到某件事有意义，一定是因为为他人、为社会创造了价值，我们也收获了正向的回馈与积极的关系，感受到了自己存在的价值，从而收获了意义感。无论时代如何变幻，世事如何无常，意义感会创造我们内在恒久的丰盛与稳定，这也是治愈当下青少年空心状态、抑郁状态的最佳良药。

- A（Achievements，成就）：在有意义的活动或关系中，收获了正向的反馈与欣赏认可，让我们感到自己可以胜任某件事，这就是成就感。

回到开猫咖店、买卖二手衣服、写作这几个案例中，请大家做个练习，看看这几件事中涉及的 PERMA 模型的五大要素。

因为当事人感受到了幸福，这几件事都从兴趣成为未来的志向、内驱力的来源和终身的爱好。这样的孩子是有生命力的，自然有动力投入更多时间去精进，才会做得越来越好，才可能创造更大的价值，感受到自己生命的意义。那么父母普遍关注的经济收入、安身立命之本其实不过是追求兴趣的副产品，金钱不过是我们为世界创造价值的能量回流，而孩子实现的则是内外富足的生命状态。

本书两位作者的亲身经历以及这本书里大量的案例（还有许多因为篇幅没有分享的例子）可以佐证，真正坚持追求心之所向的人，可以兼得热爱与体面的收入，创造有意义的人生。这就是最大的“有用”，不是吗？这一切就始于我们的兴趣。

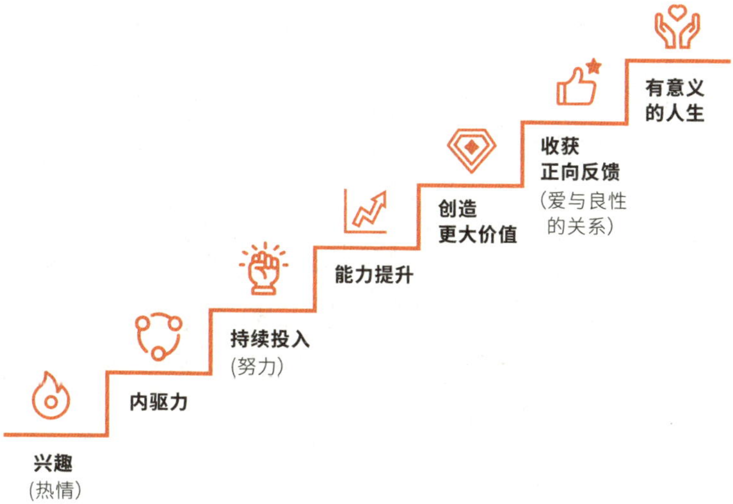


活出有意义人生的阶梯模型

兴趣（热情）→内驱力→持续投入（努力）→能力提升→创造更大价值→收获正向反馈（爱与良性的关系）→有意义的人生。

通往美好未来的道路是由“兴趣”和“意义感”指引的，有了这两盏灯，我们就不会迷失方向，会有源源不断的能量去成就自我和他人。

再也不要用“有用”与否去评价孩子的兴趣了，我们认为的有用往往是以牺牲热情、自己的真实感受为代价的。这也是很多时候家长人到中年觉得人生索然无味、没有热情、缺少意义感，陷入中年危机的深层原因。我们常说的年轻时走的弯路，也大多是因为不知道或不敢追求热爱，在不大喜欢的路上耗费了半生精力。每一个存在亲子关系危机、孩子陷入心灵深渊的家庭，都有至少一个为了外在的体面、所谓的稳定安全而常年压抑自己的感受、不敢活出真我的家长。

甚至很多时候，孩子“无用”的兴趣恰恰是家长年少时内心被时代、被外界压抑的花火。孩子在无形中圆着父母曾经内心炽热的梦，当父母允许了孩子绽放，也就允许了自己绽放。

心之所向，才是成长的方向。

## 行为上：观察与寻找心流，整合内外资源成就梦想

那么如何找到真正持续投入的兴趣呢?

PERMA 里有一个很重要的因素叫作“投入”，也就是“心流”，这是我们观察、寻找兴趣的绝佳入口。

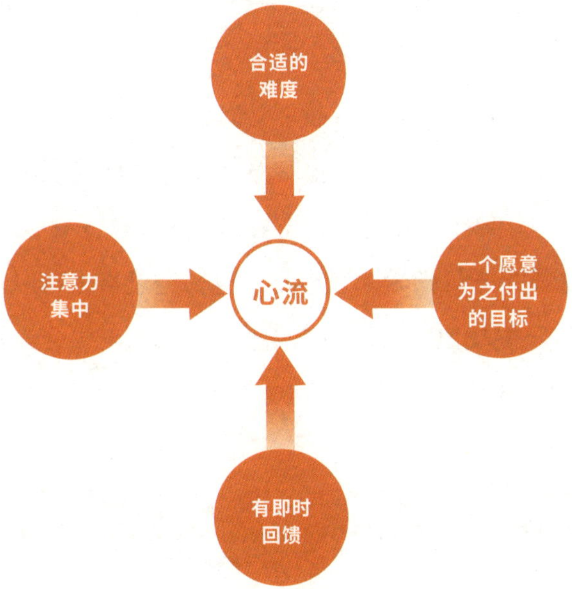


心流模型

心流这个概念是由心理学家米哈里·契克森米哈赖提出的。他认为当人们从事具有挑战性、需要一定技能的活动，并且能够得到即时反馈时，更容易进入心流状态。这

时，人会有更强的自驱力，减少焦虑与压力，在复杂多变的外部环境中，获得内心的秩序与安宁，激发创造力与效率，更容易达成目标，获得意义感和幸福感。

如何找到能让自己进入心流状态的兴趣呢？这里和大家分享一个心流坐标系的工具。经过上万个案例的实践，我们发现它在帮助青少年找到兴趣甚至未来方向上有奇效。

以高一 B 同学的兴趣为例。

1. 如下所示，写下自己平常有兴趣、喜欢做的几件事（课内外都可以），标出技能值与挑战值。技能值：自己有多擅长，分值 1 ～ 5 分，1 分为最不擅长，5 分为最擅长（注：擅长并非仅指做起来容易，也指经过努力可以达到好的效果）。挑战值：这件事带给你的挑战感，1 分为几乎没有挑战感，5 分为挑战感很强或者经常有挑战感。

| 事件 | 技能值 | 挑战值 |
| --- | --- | --- |
| | | |
| | | |
| | | |
| | | |

| 事件 | 技能值 | 挑战值 |
| --- | --- | --- |
| 探店找美食 | 4 | 2 |
| 演讲/辩论 | 5 | 5 |
| 画插画 | 5 | 4 |
| 看心理学书籍 | 3 | 3 |

举例

心流表格

2. 根据上图数据绘制下图，画出 $Y=X$ 的这条线。

那些落在 $Y=X$ 心流通道上的兴趣事件，就是“心流事件”。对于 B 同学来说，心流事件是演讲 / 辩论和看心理学书籍。

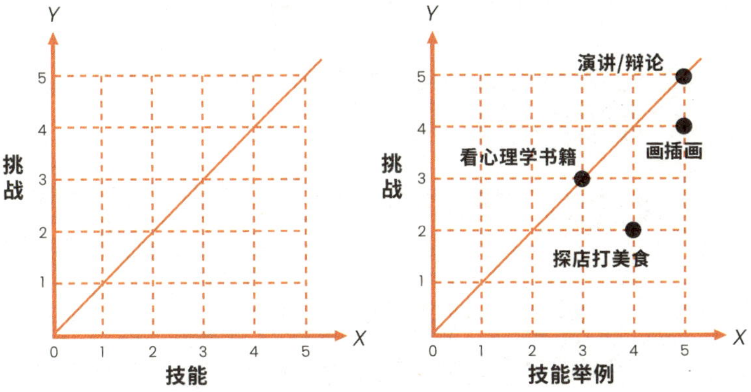


心流坐标轴

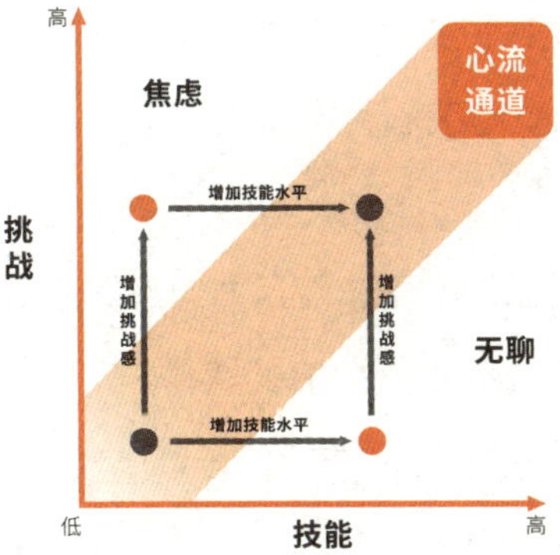


心流模型

接下来，通过教练式对话案例来说明，如何调动内外资源，让心流转化为点燃内驱力的志向与持续的行动。

## 教练式对话案例示范 - 让心流成就梦想

教练：看到你的心流是演讲 / 辩论和看心理学书籍，这两个是你最感兴趣的吗？

B 同学：确实是相对更感兴趣的，不过二者中更偏好演讲 / 辩论。

教练：太好了，很好奇是为什么呢？

B 同学：因为我成绩不好，很多课上感觉自己像个小透明。但是演讲 / 辩论没有标准答案，我可以自由地去表达自己的观点，这本来就很爽；然后也能和人连接，我发现大家还挺喜欢听我发表意见的，常常会觉得有道理，有些时候如果自己的观点能帮助一些人拓宽认知就特别有成就感。（符合 PERMA）

教练：听上去你真的很享受做这件事，而且为他人创造了价值。那在这件事上接下来你想做些什么？（开始深化）

B 同学：上次我们语文课开展了演讲活动，我挺喜欢的，要是学校也能有这样的活动，我肯定参加。

教练：听上去学校现在没有，那你能做什么？也许可以创

造一个？（抛出建议和点子，向前推一步，激发自主性）

B 同学：我可以试试，但是我不知道如何组织这种活动……

教练：如果你愿意尝试，我们可以聊聊如何办一场活动，我可以分享一些方法给你。

接下来 B 同学需要调动内外部资源来助力。内部资源是 B 同学自身的能力，自己可以去做的；外部资源是 B 同学需要他人配合助力一起完成的。内外整合，才能让想法变为现实。

教练和 B 同学分享了基本的项目发起与管理的方法：先主动找到有共同兴趣的几个人，向学校社团老师报备，征求许可，组成项目小组，制定目标和计划。从做一场校园演讲活动开始，确定主题，分工执行。这和成人世界里做项目的逻辑是一样的，这里就不赘述了。重点是，当孩子有意愿的时候，需要的仅仅是落地的方法，这是家长们可以引导、建议的关键时刻。支持孩子有方法地行动起来，密切关注进展，在需要时提供支援，让孩子收获即时反馈，保护这份热情。

一个月后，B 同学发起组织的第一次演讲活动成功落幕，她担任主持人，10 位同学就“流行”这一话题发表了演讲，大家反响热烈，觉得大受启发。学校活动部的老师给了 B 同学很高的评价，并希望每学期组织一次演讲活动，还成立了演讲辩论社团，交给 B 同学和团队负责。B 同学成了社团主席，收获了满满的成就感和自信，还有一份更大的责任感（她感受到了使命感），她立志一定要越做越好。

两年间，B 同学组织了四场演讲和辩论活动，从校内到校外，还邀请有经验的专业演讲人士和辩手来做分享，大部分活动由 B 同学的团队独立完成，B 同学还在校外报了演讲课，回来赋能团队，大家的热情与潜能也被深深地激发了。两年间，演讲辩论社团发展成学校最大的社团组织，有近 50 位活跃的成员。

到了申请国外大学的时候，B 同学希望发挥自己热爱且善于表达的特长，基于这几年组织活动的经验，她选择了高度匹配的新媒体营销专业。她希望能借助新媒体扩大影响力，为自己认为有价值的人和事发声。有了心之所向的目标，为了满足理想大学的成绩要求，成绩中等的 B 同学开始把更多精力放到学习上，自主安排学习计划，每天早起一小时背单词、练语法，经过一个学期的努力，成绩显著提升，提前拿到欧洲顶尖的几所商学院的录取通知。

如今，B 同学已经是大三的学生了，获得了世界 500 强企业的市场部实习机会。B 同学每年会回到母校，在她创办的演讲辩论社团，分享自己的经历，激励学弟学妹们大胆地追求自己的兴趣与热爱，用自己的亲身经历证明热爱是通往梦想的起点，行动是通往梦想的阶梯。

孩子有热情，学校没有机会怎么办？

看到这里，如果你无奈地叹气，心里想我孩子倒是也想参加或组织活动，可学校没有这样的机会，只重视学习和成绩，没有什么课外活动。那么有三个选择：

1. 联合家委会向学校提议，建议学校给孩子们表达自我、彰显能力的机会。

2. 基于心流事件，在校外寻找线上 / 线下孩子感兴趣的活动，在周末或假期鼓励孩子参加。

3. 如果学校的环境和学习压力让前两个选择都无法实现，孩子的生活被学习填满，而孩子已经一年以上无精打采，对学习没有兴趣，那么，请寻找孩子能追求兴趣、释放潜力的环境，不必一条路走到黑。我们之前讲过教育路径的多元化、教育资源的丰富性，选择权在我们每个人手里。这种时候，孩子是迷茫无助的，家长开放的心态、出于爱的魄力和当机立断的智慧选择，决定了孩子接下来的发展甚至一生的幸福。

本章的最后，送给大家一句听过很多遍但的确是真理的话：唯有热爱可抵岁月漫长。我们和孩子都值得活出热爱的人生。

# 第五章

# 同　伴

从孤独到归属，

支持孩子建立最需要的同伴系统

如果把青春期孩子的世界比喻成一个圆，父母和孩子对这个圆的认知是不一样的。这是导致父母与孩子经常“鸡同鸭讲”的根本原因。

大部分父母希望，在这个圆里孩子学习上的或与学习相关的事情占80%，其他事情占20%。所以很多父母和孩子对话时，不出三句话就会扯到学习。例如，孩子和同学们玩耍后回家，父母心里本能的问题可能是：“你作业做了吗？你们一起玩这么久会影响学习吗？和你一起玩的同学学习好吗？”但在孩子眼里，这个圆里至少有九个部分很重要，我们称之为以青少年为中心的九宫格系统。其中，同伴系统尤为重要。

这种对圆不同部分的占比的认知不一致，导致了父母和孩子之间的“鸡同鸭讲”，也导致了孩子面对的难题和父母给出的解决方法并不匹配。

## 青春期孩子关于交朋友的五大常见难题

### 没有朋友/没有真心的朋友

小A是个初三的女生，长得漂亮，人缘很好，学习也很优秀，还是班长。照理说，这样的孩子不缺朋友，但是，她对教练说，她总有一种很孤独的感觉。一个原因是，大家平时都忙着学习，就算是周末和假期，也都忙着各科补习，能一起玩的时间不多。就算一起玩，也就是玩玩剧本杀、密室逃脱，好像没有人能和她说真心话，一起探讨对未来的迷茫和困惑。甚至她都不敢主动和朋友说自己最近心理状态不好，怕别人觉得她矫情或者影响她在同学心目中班长的完美“人设”。

其实，从幼儿园开始，孩子进入学校集体生活，同伴的重要性就越来越大，对同伴的需要会从纯粹的玩耍陪伴，转变为提供共同爱好或群体身份的认同感，到提供面对相同问题的情绪价值，再到共同探索价值观、世界观、人生观等精神世界并进行交流。随着孩子长大，对同伴的需要呈现出更多维度和更高维度的特点。

而当孩子没有朋友或没有能深聊的“真心”朋友时，这些需求就得不到满足。于是，很多孩子会在网上找些地方去表达心声，或去网上寻找一些能聊得来的朋友。

## 被同伴谩骂 / 欺负 / 孤立了

很多人说到校园霸凌，第一反应会认为是行为暴力引起的身体霸凌。其实除了身体霸凌，还有语言霸凌、人际关系霸凌、网络霸凌（网络散布虚假信息或攻击性言语）。其中，人际关系霸凌和语言霸凌在青春期孩子中是十分常见且不容易被家长发现的。

休学的小 B 来找家庭教练。他休学的起因是班里有一个篮球打得很好的男生找他借篮球鞋，他借了几次后开始拒绝。这个男生因为篮球打得好在篮球队有影响力，劝说其他人不要和小 B 一起打篮球，甚至劝说其他人上体育课不和小 B 一组。情况慢慢地演变为，同学们不和他一起玩、不和他讲话。逐渐地，小 B 就因为无法融入班级的男生群体而选择不去上学。

同伴和班级是孩子归属感的重要组成部分，没有归属感，也就谈不上班级里自己存在的价值感和学习上的胜任感。就像成年人去公司上班，如果那里是很强的排挤氛围，给再高的工资也没有人愿意去。

## 和好朋友吵架了

学校除了满足孩子的学习和成长需要，还可以满足孩子的社交需要。开心时，朋友可以共同分享喜悦；伤心时，朋友可以来安慰；思想上，朋友也可以进行交流和碰撞。正因为这样，一方面，青春期的孩子把朋友看得很重要；

另一方面，青春期孩子还在形成友谊观的过程中，也在经历和友谊相关的挑战，例如好朋友是否应该有排他性、面对冲突时如何处理、友谊的获得与失去等等。当这些问题发生时，青春期孩子往往会花较多心思去揣摩、思考，有时会不知道怎么办。

妈妈带着小C找到家庭教练，说小C最近学习成绩下降很快。后来才知道，最近小C上课总是走神，起因是她和好朋友吵架并处于冷战中，结果好朋友像没事一样，找了另外两个人一起玩。小C连上课时都忍不住在思考：到底是该继续冷战还是低头去找她和好？

## 如何面对好朋友的负面暗示

很多时候，对于青春期孩子来说，好朋友是有共同爱好的人，相互提供情感支持，彼此讲义气，对彼此的话容易感同身受且深信不疑。但也有一些时候，青春期孩子为了归属某一个小圈子，会盲目跟随，或受到一些暗示产生不好的行为。

小D最近回家总和妈妈抱怨语文老师不好，从开始的抱怨发展到后来情绪越来越强烈，逐渐有辱骂行为。妈妈问小D和老师是否有任何冲突，小D表示没有，就是不喜欢。妈妈批评孩子应该尊重老师，小 D 便不再抱怨，转而在语文作业上进行无声对抗。后来家庭教练了解到，小 D 有两个好朋友，他们经常抱怨语文老师作业多，其中一个好朋友还被老师批评过，所以为了为好朋友伸张正义，小 D 也慢慢变得不喜欢语文老师，甚至到了不喜欢语文科目的程度。

## 如何面对好朋友的拉帮结派

物以类聚，人以群分。哪怕只是一个班级也会三三两两，形成一个又一个的小团体。他们可能因共同的爱好而聚集在一起，也可能因类似的生活环境有了共同语言，又或者因学习成绩让彼此有了身份认同。小团体一般都会围绕核心人物形成凝聚力。如果凝聚的因素是积极健康的且被学校或社会认可，这样的小团体是值得提倡的，例如社团。如果小团体的“凝聚力”有负面影响，或者给人带来伤害，这个时候青春期孩子会在负面影响和小团体归属之间产生困惑，甚至做出错误的选择。

小 E 是个文艺才能比较突出的孩子，她和班级几个同学因为都是文艺骨干成了好朋友，并经常在一起排练节目。最开始，为了学校汇演，他们会利用音乐课来彩排节目；

慢慢地，即使不彩排节目，带头的女生也会提议以彩排节目为借口不去上课。小 E 很苦恼，她觉得不上课是不对的，但是又怕去上课后暴露了这几个好朋友的问题。她问教练："我该怎么办？"

## 家长关于青春期孩子交朋友的五大常见误解

### 朋友不重要，天天就知道玩，玩有什么用

朋友在青春期孩子的世界起着多种重要作用：身份认同、情感支持、集体归属、自我探索等。青春期孩子通过与同学和朋友的相处，学习和发展人际互动能力，学会与他人建立相互依赖、相互合作的关系，学会以他人眼光而不是从自己的视角来认识和解决问题，也容易在同伴中获得榜样的力量。

除了心理需求和发展需要，寻找同伴也是青春期孩子的本能需求。在《青春期大脑风暴》一书中，毕业于哈佛大学医学院的西格尔博士写道：将人类的青春期与其他动物的青春期进行比较，我们会发现一些惊人的相似点。就像冒险驱动着长大的鸟儿离巢，土狼、海豚、大象、马儿

和水獭离开巢穴融入同伴群体一样，青春期的到来也驱使着青春期少年加入同伴。离开父母、增强与同伴的交往是青春期孩子重要的特征之一。

有些父母容易简单地认为，孩子与朋友在一起就会玩，玩就是在浪费时间。父母都是爱孩子的，只是在社会越来越内卷的现实下，父母容易焦虑，也容易只看到学习，从而忽略孩子内心真实的感受和需要。青少年作为一个完整的人，原本有全面发展的需要。但父母容易产生这样的惯性认知：学习对孩子是最重要甚至是唯一重要的，其他的都没那么重要。这样的认知把一些本来能给予孩子支持的资源放到了学习的对立面。例如，学习不好就不要去玩了，作业没做完就不要出去了，这些想法人为地把学习变成了孩子喜爱的事情的对立面。这样，谁还会喜欢学习呢？

## 交不到好朋友是孩子性格问题

经常听到父母说：我的孩子很内向，不够自信也不够积极，所以交朋友不是那么容易。其实，我们需要警惕这种消极的心理暗示。

大家可能还记得第一章提到的关于“两头狼”的寓言故事，如果一个人心里有善、恶两头狼战斗，谁会赢？答案是，你选择喂养的那只会赢。根据心理学上的皮格马利翁效应，我们的心理暗示和期待往往会导致相应的结果，也会对周围的人产生影响。这不是什么玄学，而是因为当我们内在相信什么，大脑就会把这个“相信”的信号传递给行为，形成相应的结果。因此，我们要谨慎地表达自己的想法，如果我们不希望孩子是自卑、被动的，言语上就不要为孩子贴上“不自信、不积极”的标签，这样只会暗示和强化我们不希望的结果。

此外，父母应该觉察到，孩子交不到朋友可能有各种各样的原因，并不一定是孩子本身的原因。就算是孩子性格的原因，父母也不应该去评判孩子的性格。内向和外向都是性格特点，没有好坏。内向与外向主要有两个区别：一个是能量获取方式的不同，另一个是表达方式的不同。外向的孩子更倾向于在人际互动中被赋能，内向的孩子更倾向于通过独处和思考被赋能；外向的孩子习惯边表达边思考，内向的孩子习惯先思考周全再做表达；外向的孩子吸收知识侧重在广度，内向的孩子吸收知识侧重在深度。

无论孩子内向或外向，了解孩子的特点和方式，才能更好地支持孩子交朋友，支持孩子充分利用自己的特点全面发展。

## 跟学习好的孩子玩才能变得更好

朋友一直是困扰小 F 的问题。她不知道如何处理和朋友的吵架，也在交什么样的朋友上和妈妈意见不一致。妈妈经常对小 F 说：近朱者赤，近墨者黑，你就和成绩好的同学玩，少和成绩不好的同学玩。小 F 认为妈妈把朋友分为三六九等，是带着功利的意图来看待友谊。她给教练讲了这样一个故事：妈妈花尽心思，安排了一个成绩特别好的女孩和她做朋友，但是小 F 很不喜欢和这个女孩一起玩。她说，这个女孩虽然成绩好，但是不真诚，每次玩什么都必须要以她的想法为中心，需要牺牲自己的想法迁就她，和她在一起总有莫名其妙的自卑感和没有自我的感觉。

比起对方是谁，更重要的是，和对方在一起，让青春期孩子成为谁。对青春期孩子产生的影响比对方是谁更重要。就像小 F，和这个成绩好的孩子在一起，没有学到好的学习方法，反而带来自卑和妥协。

有些孩子虽然成绩不好，但是人品好，或者在某些方面有非常明显的优势，也是值得交往的朋友。例如有些孩子热爱体育，在运动过程中展现出拼搏进取的精神，和这样的孩子有共同爱好，就能玩到一起，也能强化他们的体育兴趣和优势。

所以，除了看朋友成绩好坏，更要看这段友谊对孩子的影响。重要的不是找成绩好的人做朋友，而是在青春期关键阶段，发挥“重要他人”的促进作用。这个“重要他人”的促进作用可以体现在德、智、体、美、劳各个方面。更重要的是，引导孩子思辨地看待友谊，学会在各种人际关系中成长。就像孔子所说，“三人行，必有我师焉。择其善者而从之，其不善者而改之”。

## 认为孩子发生矛盾是“过家家”

著名心理学家皮亚杰曾提出孩子的童年时期主要有两个世界，一个是跟父母互动的世界，另一个是同伴的世界。父母往往更了解前者，并不熟悉后者。

对于同伴世界，孩子有自己的认知和重要性排序，视角与成年人完全不同，特别是青春期的孩子。他们对同伴的目光、言语、打扮等都非常敏感——甚至同伴的一个“眼神”在孩子看来都是“爱恨情仇”。那么，与同伴发生矛盾，在孩子的认知里是一件天大的事，比如前文中被好朋友劝说一起逃课的小 E，她明明知道不去上课不对，却不敢告诉老师和家长。在家长看来解决方法很简单，小 E 可以告诉老师然后自己去上课。而在孩子看来，这涉及在同伴关系中是否对友谊忠诚，涉及小团队是否接纳自己等问题。所以对青少年来讲，同伴之间的矛盾比大人想象的重要得多。

如果孩子放学回家，莫名地难过、烦躁、“怼”大人，很可能就是因为同伴之间发生了矛盾。这个看似小小的矛盾，不亚于被老师批评或者考试成绩很差。家长如果按照自我的认知去看待事情本身，就会陷入误区，导致出现鸡同鸭讲的场面，从而影响亲子关系。孩子认为自己受到了那么大的伤害或者遇到了一个自己无法解决的难题，父母却觉得无所谓或不算事。久而久之，孩子就会因为父母的不理解而不愿意沟通，这将影响到孩子的正常生活和学习。

## 交朋友是孩子自己的事，父母不用管

青春期孩子交朋友都会有自己的方法，形成自己的圈子，这会让很多父母认为，在孩子交朋友这件事上，父母很多时候无从下手，也不需要干预。

如果朋友发挥着“重要他人”的促进作用，那么父母保持关注就行，但有两种情况需要父母给予关注并有效干预。

第一种是“毒友谊”。典型的“毒友谊”有如下特征：

- 朋友不希望我变好，甚至害怕被我超越，千方百计打击我。例如，我这次考试成绩超过他了，他就开始冷落我。

- 朋友只和我谈感情，却从不分享变好的办法。例如，总是说我们是好朋友，但是请教学习方法时，却总是连笔记都不愿意分享。

- 打着友谊的幌子，做一些对我不好的事情。例如，他说是好朋友就要陪他旷课，因为今天他很不开心，不想去上课。

- 为了让朋友开心，需要我长期性地妥协甚至变得低声下气。例如，每次吵架都需要我去道歉，甚至吵架期间，她主动拉拢其他同学不和我玩。

这种情况父母需要干预，需要让孩子意识到“毒友谊”的存在，可以趁此机会帮助孩子树立积极的友谊观。

第二种情况是在孩子交友环境发生变化的关键阶段，例如小升初、初升高，孩子转学进入新的环境，父母需要关注孩子是否交友顺利，是否需要支持和帮助。哈佛大学塞尔曼教授从教育心理学的角度提出了友谊发展的五个相互重叠的阶段。他提出，在我们的人生中，特别是青春期阶段，我们对友谊的认识和理解是变化的，我们的体验也在经历着变化，渐渐地有些朋友会疏远，有些朋友又会出现在生命中，这是每个人都会经历的。如果孩子处在其中的某个阶段，我们需要有针对性地引导和支持。

## 家庭教练支招：建立同伴系统的正确方式

对于青春期的孩子，同伴系统的重要性逐渐超过父母给青少年带来的直接影响。上文提到，哈佛大学塞尔曼教授提出了友谊发展的五个相互重叠的阶段，具体如下：

第一阶段（3～7岁）：游戏同伴阶段。孩子没有形成友谊的概念，只有短暂的游戏同伴关系。例如，幼儿园小朋友今天和A玩积木，明天又和B玩滑梯，对朋友的定义完全基于每次的即时活动。

第二阶段（4～9岁）：单向帮助阶段。谁能满足他的需要，谁就是朋友。友谊很快形成，也容易结束。例如小朋友经常会说：哼，不给我玩玩具，我不和你做朋友。这些语言和行为正是这一阶段的典型表现。

第三阶段（6～12岁）：双向帮助阶段。有合作但不能共患难。孩子对友谊的交互性有一定的了解，例如开始学习相互关照、合作、妥协等。比如，小学生会合作完成作业、交换零食，但如果犯错了，他们会在老师或家长的要求下不再玩耍或合作。

第四阶段（9～15岁）：亲密共享阶段。孩子认为朋友之间应相互分享，朋友要互相保持信任和忠诚，甘苦与共。这个阶段的友谊开始具有稳定性、强烈的排他性和占有性。同伴在他们心中的地位逐渐超过了父母。这个阶段“小团体”现象比较典型，有很多青少年会因为融入不了某些团队感受到被排挤或挫败。

第五阶段（12岁开始至成年）：友谊成熟阶段。能区分并建立各种不同的友谊，如熟人、社交性朋友、亲密朋友等。例如青少年或成人会因为价值观一致而维持长期的友谊。

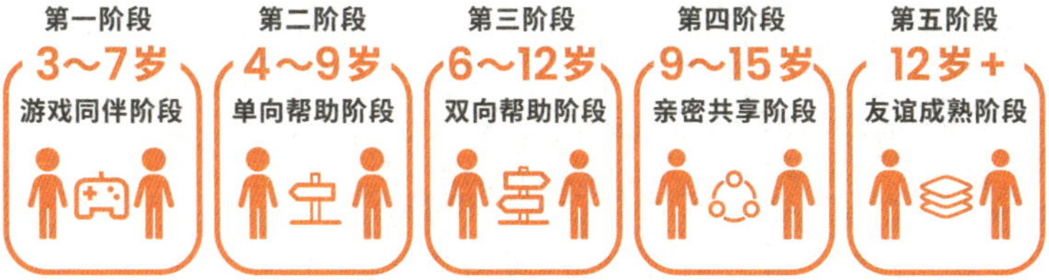


同伴发展五个阶段

## 认知上：同伴系统是青春期孩子心中排位最重要的支持系统

爱要符合接受方原则。我们要认识到，同伴系统是青春期孩子心中排位最重要且必不可少的支持系统。在一项针对一二三线城市的小学生、初高中生的调查中，一个问题是“你平时内心想的事情会经常对谁讲?”调查问卷要求将所列对象按重要程度排序。小学生的排序是：父母、兄弟姐妹、朋友；而初中生的排序是：朋友、兄弟姐妹、父母。可见，青春期孩子感情的重心已渐渐偏向亲密的朋友。另外，青春期孩子间友谊的特征也发生了变化：由童年期的“游戏”逐渐转向同伴间的“倾诉”。

人与人的关系主要分为两种：垂直关系和水平关系。前者指那些比孩子拥有更多知识和更大权力的成人与他们建立的关系，主要包括父母和老师与孩子的关系，这些关系对保障孩子安全感、规则感等有积极的作用；后者指处于相同年龄阶段或心理发展水平相当的孩子间建立和发展起来的人际关系，这种关系对青春期孩子发展自我、心理健康、发展平等的人际关系等有积极的作用。

两种关系相互促进、相互作用，缺一不可。

## 行为上：支持建立同伴系统，了解同伴但不干涉，关键时刻引领

父母应该在认知层面意识到同伴的重要性，在行为层面再匹配相应的行动。可以从支持孩子建立自己的同伴系

统、了解同伴但不干涉、关键时刻引领三个维度落实行动。

第一，支持孩子建立自己的同伴系统。当孩子参与同学聚会时，父母可以提供时间和空间上的支持，甚至主动支持孩子组局，例如初一刚入学后的一段时间，可以给孩子们提供一起玩剧本杀或欢乐谷组团玩耍的机会；如果家在学校附近，可以让孩子放学后和同伴在小区内玩耍交流。

第二，了解同伴但不干涉。以下三个问题帮助父母了解孩子的同伴：孩子经常提到的 3 ～ 5 个人都有谁？他们经常在一起做什么？他们给孩子带来的感受和影响是什么？父母了解的时候需要带着好奇、欣赏，不要急于判断、给建议，更不要干涉，只是去了解。

第三，两种关键时刻引领。一种关键时刻是孩子过渡到新的阶段或新的环境，父母可以询问孩子的感受及需要。例如孩子去到新的学校，父母可以问，孩子期待遇到什么样的人、希望同桌是什么样的、对于新的学校是什么样的心情、是否有认识的人在这个学校等等。这样的引领能帮助孩子以更好的心态面对过渡期。另一种关键时刻是孩子面对朋友情绪波动的时候，特别是面对“毒友谊”的时候。这个时候，父母可以先询问孩子具体发生了什么，他的感受是什么，他现在面对的处境如何，他如何看待这段友谊。在此过程中，父母充分理解孩子的感受，也可分享自己的类似经历。等孩子表达完后，父母再给予一些建议及孩子需要的支持。父母在这个过程中需要避免一开始就讲大道理，要相信孩子在被理解后，会形成自己的判断和选择。父母要让孩子知道，无论发生什么，父母都会陪伴他一起面对。

下面的对话反映出孩子同伴系统的常见问题。

问：如果 1 ～ 10 分表示你对朋友这个维度的满意度，你打多少分？

答：7 分。

问：为什么打 7 分？

答：我的朋友虽然数量不多，但都是真心的朋友。减掉的 3 分是因为最近太忙，我们都很久没有一起玩了。

问：说说你玩得最好的 3 个好朋友，他们都是谁？

答：子轩、小哲、珺涵。

问：从行为红绿灯卡牌里挑一张绿卡代表你和子轩在一起时所获得的东西。

答：(挑选了一张) 他给了我理解。有次我回答问题没说清楚，他秒懂了我，并做了补充。

问：你和朋友最开心的经历是什么？

答：我们一起聊天，聊了一个晚上。

问：你和朋友一起做过最冒险的事情是什么？

答：有次我迟到，发现子轩在我前面。他干脆停下来等我，我们俩就不慌不忙地走到教室里。

问：你马上要去新的学校，如果有一个朋友能和你分到一个班，你希望是谁？为什么？

答：珺涵，他还可以继续和我一起踢足球。

问：如果有三个词形容他的特质，会是什么？

答：热爱运动、爱帮助人、幽默。

### 教练式对话案例示范 – 被霸凌没有朋友，都是我的错？

妈妈帮小 G 找到家庭教练的时候，小 G 已经在八年级断断续续休学一学期。小 G 休学最开始是因为一起玩的一群人经常议论和嘲笑另外一位同学，小 G 觉得不妥没有参与，慢慢地，大家就把矛头对准小 G，甚至让更多人加入对小 G 的嘲笑中。小 G 觉得越来越孤独也越来越害怕，甚至当别人在走廊或教室看往他的方向时，他都会担心在说他的不是。慢慢地，因为害怕别人在背后议论他，他开始请假不去学校。因为长时间不在学校，每次回到学校他就更担心会被大家议论和嘲笑，从而进入了一种恶性循环。爸爸觉得：别人又不一定是真的说你坏话，男孩子不应该这么敏感；作为男子汉要回击，老是这么窝囊不是男子汉的作为。爸爸的不理解让小 G 更加不接纳自己的害怕和胆怯。

教练先是带着全家接纳了小 G 的害怕和担心，每个人都希望在别人眼里是优秀的、发光的，也希望在一个群体里是有安全感和归属感的。这是人的本能，和你厉害与否、是男子汉与否没有关系。教练组织全家一起分享自己初中阶段的担心和害怕，让父母对小 G 有了更多理解，小 G 自己也放松下来。

小 G 的害怕还因为他不清楚自己到底是谁、自己是谁是由别人定义还是自己定义、自己的特点和优势是什么。当他看到自己不去嘲笑别人的善良、自己敢于与一群人不一样的勇气，他也逐渐生出一些力量。教练过程中特别关键的一次是小 G 不断否定自己："不，我就是一个渣渣，我什么都不是，所有的人都不喜欢我。"妈妈回应了一句："是，有时候你真的很渣，但即便那样，你也是妈妈的渣渣宝贝儿子。"妈妈拿出自己提前准备的孩子优点清单，一条一条认真读给孩子听，讲这些优点背后的故事，孩子泪流满面。

这样，被接纳的小 G 也逐渐看清楚自己是谁，对错的标准是什么。但小 G 还要面对两个无法逃避的问题：同龄人如何看我？如何恢复与同龄人相处的勇气？体验只能靠经历，无法靠理论来塑造。妈妈在教练的支持下，找到了一个有教练支持的同龄人游学夏令营，在夏令营中小G交到了新的好朋友。在夏令营团队中，他从旁观慢慢开始积极参与活动，还当了小队长。这次经历让他意识到：他是有能力交到好朋友的，不是他不对，可能是圈子不对。

后来，小G在学校交到了自己新的好朋友。他还生发了一个梦想：他想成立一个协会，专门进行反霸凌宣传，也影响更多人更好地面对霸凌，而不是因为别人的原因PUA自己。

选取一段对话分享：

教练：你最担心的是什么？

小G：同学的眼光和嘲笑。课间休息，教室里和走廊上都有人看向我。

教练：这个时候，你的反应是什么？

小G：想躲起来，想逃跑。

教练：我知道这个不容易，我陪你一起面对可以吗？

小G：谢谢，但是我不知道怎么面对。

教练：我陪着你。如果你是教室天花板上的灯，你看到的是什么？（表达同理心，并带着小G抽离出来观察）

小G：我就像一只被关在笼子里的猴子，被很多人关注和嘲笑。

教练：给笼子里的猴子取个名字。（用命名的方式继续抽离）

小 G：可怜的傻猴。

教练：听上去你对他既可怜又愤怒。先表达你对他的可怜。

小 G：（沉默了很久）对不起，不是你的错，其实你受了很多委屈，你是因为善良才没有像他们那样（抽泣）……你是因为善良，不是因为胆小。

教练：是的，我也看见了他的善良。他是善良的。（强化小 G 的认知）

教练：现在猴子是什么样的？

小 G：他发现有人理解了它，没有那么委屈和害怕了。

教练：你希望他做什么？

小 G：站起来，从笼子里出来。但是他不知道怎么出来。

教练：如果他可以出来，会去哪？

小 G：去草原，他其实是一匹马，可以自由地和自己的朋友玩耍。

教练：他什么时候和他的朋友自由玩耍过？

小 G：初中之前一直都是一匹马，有好朋友。

教练：在好朋友眼里，他是什么样的？

小 G：觉得他很善良，很讲义气，也有力量。（强化别人

眼中的他）

教练：那你觉得他是一匹什么样的马？

小 G：我觉得我好朋友说得对。（强化小 G 自己眼中的他）

教练：这匹马是谁，由谁决定？

小 G：由谁决定？朋友？我自己？应该是我自己。

教练：是的，你自己。我们一起陪着你逐渐看清楚你是谁，你可以成为谁，找回你的自由、勇气和力量。（拿回“我是谁”的主动权和力量感）

第六章

# 师生关系

从对立到合力，

和老师做养育事业的最佳合伙人

家长们常常诉苦：现在当家长实在太难了，一头是孩子，一头是老师，两头给我们出难题，考验家长。

孩子回来抱怨说，作业太多，老师当着全班面批评自己一点面子都不给，讨厌这个老师，不想去学校了。

老师向家长告状：孩子经常不完成作业，家长要多监督，记得班级群要打卡；孩子上课总开小差，家长要说一说，端正学习态度；孩子不能无故旷课，家长要想办法让孩子来上学。

家长一边生孩子的气，一边生老师和学校的气，感到委屈和无力："老师从事教育教学工作，孩子的学习、在学校的表现不应该老师负责吗？老师不应该承担激发孩子内驱力的责任吗？怎么到头来还是家长的事，什么都让家长做，那要老师要学校干嘛呢？"

家长和老师的关系很奇妙，目标虽然很一致——都是为了孩子更好地成长，但家长的身份、角色却经常变换，时而是老师的盟友，时而是老师与孩子之间的调解员。大多数时候，家长像老师的首席执行官，确保落地执行各类对孩子的任务要求，个别时候还要和孩子一起与老师斗智斗勇。家长和老师之间的情感也是爱恨交织。

这一章我们站在家长的角度探索在师生关系、家校关系中，如何变阻力为爱的合力，让家长和老师成为孩子养育路上的最佳合伙人。

## 青春期孩子关于老师的两大常见难题

### 讨厌一个老师，讨厌一门课，讨厌上学

“这个语文老师讲课完全听不懂，说天书一样，想睡觉；数学老师特别凶，上他的课都紧张死了，怎么可能会喜欢数学；英语老师经常给我们看英文电影，作为学习素材，还挺有趣的，最喜欢英语课了。”这是孩子挂在嘴边的话。

孩子对一门课是否喜欢，老师可能占了一半以上的原因。孩子会因为喜欢一个老师而喜欢一门课，同理也会因为讨厌一个老师而讨厌一门课，甚至延伸到对学习和上学的喜恶。

每个孩子一生中会遇到许多老师，老师的教学风格、自身性格、教学经验各不相同，有的对孩子的胃口，有的不对，这是再正常不过的。人与人之间有不同的化学反应，师生之间也是如此。但无论喜欢与否，这都是我们去更多了解孩子、更好支持孩子成长的机会。

当孩子说不喜欢某个老师的时候，可能有以下这些原因：

### - 孩子感受不到来自老师的支持

老师是知识的传授者，更是孩子心灵成长的陪伴者；孩子在学校遇到困难时，往往充满挫败感，焦虑自责，甚至会自我否定。如果这时没有获得老师的有效的支持、鼓励，孩子自然对老师有情绪、有看法。这里要特别说明，重要的不仅是老师做了什么，而是孩子是否“感受到了”老师在言行中对自己的支持，也就是我们之前提到的接受方原则。

比如，有的老师会相对严肃一些，给学生的建议反馈多于表扬，希望帮助学生自省，学会谦虚，避免骄傲自满。面对这样的老师，有的学生会认为老师是对自己有看法，不喜欢自己，从而产生抵触厌烦的心理。有的学生会认为老师就是这样的性格，对所有人都一样，也就无所谓特别的喜欢或讨厌了。还有的学生可能觉得老师的批评是建设性的反馈，对自己的成长有帮助，会很喜欢这样的老师。这和老师自身的互动风格有关，和孩子的认知理解与心理敏感度也有关，不是简单的谁对谁错、谁要改变的事。

### – 老师的要求与学生的当下状态错位

每个学校都有自己对于学生成绩与升学的目标，在大部分情况下，这个目标是否达成决定着学校的生源、声誉。这个目标最一线的执行者就是老师，学生成绩与升学的目标也成了学校考察老师的重要KPI。我们可以想象老师所承受的压力，尤其随着期中考试、期末考试、升学考试的临近，老师的重心就是用尽各种方式让学生提高成绩，比如更多的主课时间、更多的作业、更多的一对一关注与施压。而学生们对减轻学业压力的期望却始终存在，矛盾就此爆发。

老师作为学校升学目标达成的直接负责人，承受着极大的压力，既焦虑又疲惫，自然越来越难以抽出时间和心力去关注孩子的心理状态，去维护师生关系。老师和学生越来越少走心的交流、学业压力的与日俱增，导致师生关系越来越紧张，也让学生对老师失去信任感。

老师对学生的期待和学生的自我认知与期待往往不一致。举个例子，基于对学生的了解，老师认为小张的逻辑思维强，反应很快，小张的数学可以学得更好。在期末考试前一个多月，老师特别关注小张数学课的状态，经常点名让他发言，课下也常督促他，告诉他数学上多花一些时间钻研，数学排名就能往前提。而事实上，小张不太喜欢数学，自己不擅长数理逻辑，维持现在的名次已经很辛苦了，未来打算学文科。面对老师的特别关注，小张感到很不舒服，在走廊上看见数学老师就躲，对数学反而越来越反感。这种认知上的错位也导致了师生关系间的矛盾。

### - 老师自身沟通方式的问题

关系的本质是沟通，当沟通不顺畅的时候，就会产生矛盾。老师不是全能的，也许是某一学科领域内的专家，但不一定是沟通的高手。

以下两种老师，可能存在沟通方式的问题。

第一种，老师严厉、苛刻，习惯用批评、指责、打击、威胁，甚至以冷嘲热讽的方式与学生沟通，少有欣赏与肯定认可。学生怕老师，不愿意与老师接近，甚至心生厌恶。

第二种，老师本身性格内向，下课就回到办公室，很少主动与学生沟通，不太关心学生的生活与心理状态。老师与学生的距离疏远，相互之间不了解，没有信任感。

所以，家长面对孩子对老师的抱怨，搞清楚原因比“评判对错”“站队”（和孩子一起指责老师，或者批评孩子，认为不能说老师不好，孩子应自我检讨）更重要。

## 和老师在全班同学面前发生正面冲突

小U上自习课常常违反班级纪律聊天，已经被班主任提醒多次，但没有明显改变。某日晚上自习课，小U又说话了，但这次是请教同学一道自己不会的题，正巧被班主任看见。班主任感到忍无可忍，大声呵斥小U，让他离开教室，“自己爱说话，还影响其他同学学习”。

小U委屈地反驳，这次没有聊天，是请教同学问题，老师没搞清楚原因就让他出去，太不公平了。

基于小U的一贯表现，班主任不相信，说小U编谎话、骗人，他一张嘴，就知道他要说什么。

急性子的小U被老师的话激怒了，出言不逊，当着全班的面说老师对他有偏见，没有证据就对学生妄加评判，没有师德，不配做老师，要去校长那里举报他。小U说完冲出教室，直接回家了。

在小U到家之前，班主任已经给小U的妈妈打了电话，告知了情况，“上课说闲话”“当着全班的面公然顶撞老师”，让小U妈妈好好做做小U的思想工作，要求小U反省自己的行为，明天上学向老师道歉，不然就停课几天反省好了再来。

小 U 一回家，还没等妈妈开口，大哭起来，说班主任冤枉自己，有偏见，做什么在班主任眼里都是错的，班主任就是不喜欢自己，没法待下去，要求换班或者转学。

了解了事情的原委，小 U 妈妈感到很为难，一方面觉得小 U 公然顶撞老师，出言不逊确实不对，一方面也和小 U 一样对老师不分青红皂白的批评感到生气，觉得老师处理得不恰当。而小 U 好不容易考上重点学校重点班，转学或换班都得不偿失。

孩子和老师在全班面前发生冲突，剑拔弩张，互不相让，夹在中间的家长该怎么办呢？如何既安抚好彼此的情绪，又维护好双方的立场，同时消除隔阂，帮助重塑师生关系，甚至变冲突为成长的机会？我们在稍后的家庭教练支招部分为大家解答。

## 家长关于师生关系的三大常见误解

### 老师说的都对

尊师重教是我国的传统，老师在我国有着极高的社会地位。很多家长认为，老师无论怎样都是为孩子好，老师是不会有错的，孩子就应该听老师的话，跟老师顶嘴、反驳老师是不对的。收到老师对孩子的批评，家长也会第一时间指责孩子不对。

引导孩子尊重老师没错，但如果一味让他们服从权威，其实是剥夺了他们独立思考、表达自我的能力，而这正是青春期孩子最需要发展的两种重要能力。建立自我同一性是一个探索的过程，也是一个批判的过程。只有经历这个过程，孩子才能建立价值观，他的世界才会是一个成熟的、属于他自己的新世界。而作为“旧世界”代表的家长和老师成为批判与反驳的对象，是孩子走向成熟的必经之路。

心理上，家长是师生冲突中孩子的最后一道安全防线，如果家长不理解，和老师站队在一边，同老师一起指责孩子，孩子会孤立无援，难过生气的背后会有深深的无助感和被抛弃感。失去安全感的孩子容易走向自我封闭，失去对家长的信任，甚至是仇恨家长或老师，引发抑郁、焦虑等严重心理问题。

作为家长，要认识到老师也是人，人无完人，老师也有自己的局限性，可能会犯错，可能会有处理事情不恰当的时候，甚至可能会伤害到孩子。当孩子与老师发生冲突时，家长首先要倾听，放下评判，带着好奇去了解发生了什么，同时也向老师了解情况。了解过后，如果确实是老师的问题，家长不必维护老师，但也不必在孩子面前指责吐槽老师，而是可以从单个事件上升到普遍性层面——老师也会犯错，不喜欢某个老师是很正常的，生活中会有很多与自己不那么合拍的人。

重要的是，父母应该和孩子讨论面对伤害过自己的人、自己不喜欢的人可以如何和平相处，把师生冲突变成孩子提升人际交往能力的机会，这是孩子受益终身的能力。

同时，家长也可以借由师生冲突帮助孩子树立自我认同、建立自我目标感。这可以帮助孩子认识到，不必因为老师的评判而去否定自己，老师仅代表他自己，不代表所有人。家长也要告诉孩子，不要因为不喜欢一个老师而放弃一门课的学习。成长的第一责任人是自己，能够对这一结果负责的人不是那个自己不喜欢、发生矛盾的老师，而是孩子自己。通过这样的沟通，家长陪伴孩子回到对自己重要的事上，回到对自我成长的关注上。

## 千万不能“得罪”老师

在养育孩子中，老师和家长是合伙人的关系，不存在高低之分。在老师这一端，家长也要温柔而坚定地提出建议与反馈。家长作为养育孩子的第一责任人，有权利为孩子的成长做出必要的行动，不表达或回避冲突反而会害了孩子；而表达恰当不仅不会得罪老师，还会与老师形成紧密的合力，更好地支持孩子成长。当然，如果是严重威胁到孩子身心安全底线的原则性问题，应积极用法律手段保护孩子。

这里展示一个典型场景下的案例。孩子抱怨数学老师布置的作业太多，常常写到深夜，影响睡眠，家长决定找老师沟通。

以下分享一段真实的教练式对话（这里用到的是“先师后己四步沟通法”）：

1. 先肯定认可老师的辛苦；

2. 表达孩子遇到的真实挑战；

3. 不要急于给建议，先听老师的想法；

4. 基于老师的想法，叠加建议。

家长：李老师，最近能感觉到您对孩子们的数学学习特别用心，辛苦您了，孩子们遇到像您这样负责任的老师真是特别幸运。作为家长，我非常感恩您的付出。同时，也有个挑战想分享给您，我不太知道该怎么办，想请教您。孩子现在每天写数学作业写到深夜，影响了他第二天上课的精神，不知道是孩子自己没学好，不会写，还是最近作业量变大了，不知道其他同学的情况怎么样？想听听您的想法和建议。

老师：最近数学的难度确实更大了，大家都需要更长的时间理解，但是我没想到要写到深夜，这可能也和每个孩子的掌握程度有关吧。

家长：原来如此，确实我们家孩子数学比较薄弱，难度加大了，对他的挑战更大，目前我也帮不上什么，但是看到他每天熬夜心里也着急，想听听您有什么好办法吗？

老师：这样，他可以在学校先看一下布置的作业题，如果有特别难没有思路的，在学校问我，或者问其他同学，把难题在学校解决，简单的拿回家，试试这个方法，看看能不能早点写完。

家长：谢谢老师，我们尝试一下，也请您在学校和他说一下。他这段时间状态不好，如果老师多关心两句，给他支支招，我觉得他会特别开心，也会更主动和您交流。我们先积极尝试这个办法，如果还是有挑战，可能还要再来麻烦您，您的经验丰富，就拜托您了。

老师：应该的，小张妈妈。我们出发点是一样的，希望孩子既能学得好，也能有个好身体。找到好的学习方法，就能事半功倍。有什么情况我们再交流。

瞧，矛盾并不可怕，用先师后己的沟通方式，既尊重了老师，又表达了自己的想法，还支持了孩子，一箭三雕，请家长们大胆地用起来。

## 在孩子面前批判老师，甚至当面和老师起冲突

有些家长护子心切，认为老师的一些做法不合理不公平，孩子吃了亏，非常愤怒，会和孩子一起同仇敌忾。为了给孩子打抱不平，有些家长甚至找老师当面对质，讨回公道，认为这样是支持孩子的表现。

家长们心疼和保护孩子的心情可以理解，但如我们之前所说，站队不解决问题，只会激化矛盾，雪上加霜。

孩子也许一时觉得很解气，觉得爸爸妈妈为自己撑腰，但这一定不是高情商解决冲突的办法。家长更不要阳奉阴违，表里不一，当着老师的面很客气，背后说老师不好。

培养孩子高情商面对冲突的能力，家长需要以身作则，首要原则就是，不评判和指责别人，先回归自己，情绪稳定后，再想办法，理性沟通。

当冲突爆发时，我们先同理认可孩子的感受，把注意

力放在孩子身上，而不去批判老师的对错。其实孩子真正需要的是你理解他的感受，倾听他的苦恼，而不是让你一起吐槽老师，分出是非。比如，家长可以说："老师这么对你，你肯定很气愤，我能感受到你的委屈，能不能多和我说说事情的经过，你需要怎样的支持？我现在做什么能让你好受点？"这些都是帮助孩子平复情绪，让孩子感受到支持的做法。

更多具体的做法在接下来的家庭教练支招部分举例说明。

## 家庭教练支招：父母精进爱的能力，与老师形成爱的合力

### 认知上：父母不是老师的配合者，而是养育事业的合伙人

非洲有句著名的谚语：养育一个孩子需要举全村之力。如果全村之力中有两股核心的力量，那必定就是家长与老师了。

教育家苏霍姆林斯基说："孩子只有在这样的条件下才能实现和谐的全面发展，就是两个教育者，即学校和家庭，

不仅要有一致行动，要向孩子提出同样的要求，而且要志同道合，抱着一致的信念。”

在过去十年我们陪伴家庭、支持家校共育的经历中，无数次见证了家长与学校越能形成爱的合力，教育越会成功。凡是家长与学校是敌对关系的，结果都是三败（孩子、学校、家长）俱伤。最倒霉的是孩子。

如果孩子是教育事业的核心，这个事业的目标是培养身心健康、绽放自我的下一代，那么，家长和老师就是这项事业的合伙人，这是一场关于“成就生命”的爱与信任的邂逅。一个孩子的生命状态和身心健康是家庭和学校共同养育的结果。

在教育路上，老师和家长各自承担起自己的教育责任，相辅相成，才能真正经营好养育事业。

那么作为家长，如何扮演好自己在家校共育中的角色呢？

下面，我们通过一个真实的家校共育的例子来说明家长需要如何做。这个例子涉及当今社会、学校与家长共同关注的心理健康问题。

Y 同学上高中之后，和妈妈的关系越来越疏远，妈妈也觉得很难走进孩子的内心，越来越看不懂孩子了。孩子的学业压力越来越大，妈妈也担心孩子的心理状态，把握不好干预孩子生活学习的度。妈妈多说两句，孩子就嫌唠叨，直接关门不予理睬。这也是Y同学所在学校的其他家长面对的普遍难题。

学校之前也出现过孩子因为抑郁、焦虑等情绪引发暴力事件或休学等情况。学校近年来非常关注学生的心理健康，老师希望与孩子建立心灵的链接，走进青少年的内心，了解他们的需要，及时提供有效支持，避免悲剧的出现。学校做过一些心理关怀讲座，班主任也会定期约谈学生，但效果不大，孩子们打开心扉的程度都很低，心理上把家长和老师拒之门外。

类似情况下，常见的做法有两种。第一种，家长和学校放任不管，工作流于形式，结果可能就是我们在身边、在新闻里看到的校园悲剧。第二种，家长和学校相互踢皮球，都认为自己做不了什么，这是对方的责任，出了问题马上相互指责。显然，这两种都是家校合力的反面典型。

Y同学的家长是如何做的呢？妈妈首先从自己的亲子关系着手，为了更好地与孩子沟通，走进孩子的内心，她报名了教练型父母的课程，做回学生，认真了解青春期孩子的心理需要，学习如何从说教式沟通转变为倾听与欣赏式沟通，第一时间为孩子提供情绪价值，借由生活中的事支持他不断认知自我，提升自我。几个月下来，效果显著，母子俩的关系越来越好，儿子愿意和妈妈分享心事，有了暗恋的女生还主动向妈妈征求建议是否要去表白。

有一天儿子回来说：“老妈，学校在组建家委会，我把你推荐给班主任了，我觉得你懂的还挺多的，应该能给学校和同学家长们做点贡献。”于是，Y 同学的妈妈就这样成了家委会成员，因为成功转变了自己的亲子关系，家长们很信服她，她很快被推选为组长。

有了这样的角色，Y 同学的妈妈就与学校策划了一系列家校共育的活动。要走进孩子们的内心，先要从他们关心的事情开始——如何与同学和平相处，如何走出迷茫找到未来方向，如何面对青春期起伏很大的情绪，自己的优势究竟是什么，面对薄弱学科该怎么办，等等。Y 同学的妈妈从自己所学、养育儿子的经验出发，召集其他有教育经验或心理学背景的家长，共创工作坊。家长们不是严肃地上课，不谈论学业成绩，不做评判打分，而是用孩子们关心的话题走进孩子们的心，借助专业心理工具、游戏化的流程设计，创造了一个真实、安全、有趣的课堂。孩子们踊跃参与，在轻松的氛围中自然就打开了内心，展示了脆弱，表达了需要。

这是家长们和学校一直翘首期盼的结果。老师、家长们听到了孩子们真实的需求、内心的声音，就能有的放矢地关注、支持孩子们的心理健康了。

找到目标很重要，抵达的路径同样重要。随着许多过去被隐藏的问题显现出来，家长和老师们需要具体的方法，于是校长邀请 Y 同学的妈妈再为学校的家长们带来一些“养育理念提升”和“与青少年有效沟通”的工作坊。这是 Y 同学的妈妈很擅长的，于是她找到自己学习教练型父母课程的同学，开展了四次线下工作坊，多角度探讨青春期养育的挑战和应对方式，同时组建了学习社群，分享交流，大家即学即用、分享经验，彼此互为智囊团。家长们普遍反馈亲子关系有了显著的改善，和孩子交流得更多，也更走心了。

几个月下来，亲子关系、师生关系、家校关系都越来越好，家长们感受到了学校对心理健康的重视和行动，获得了有力的支持，之前经常抱怨学校没有作为的家长也开始夸赞学校的做法。借由有经验的家长的力量，学校更了解孩子的心理状态，给予及时的赋能和陪伴。学校也发现，家长中藏龙卧虎，之前没有好好去了解与链接，之后要有更多深度交流。

而最受益的当然是孩子。他们在繁重的学业中有了喘息的机会，在不评判的安全空间中，真实表达，探索自我，可以讲心事，还让老师和家长更理解自己。孩子对家长更加信任了，对学校生出了更多的好感和感恩。

校长看到了喜人的结果，表示这个项目以后每个学期都要做，持续做下去。每学期开学前发放问卷，调查老师、学校、家长们遇到的挑战，以匹配相应的资源支持。学校还发布了宣传文章，题为“家校共育最美的样子”。

我们回看这件事，其实家校形成合力并不是那么难，二者的目标本就一致。面对养育难题，Y 同学的妈妈没有抱怨指责学校，而是从学习成为一个更好的家长开始，改善和儿子的关系，这为她打开了与学校形成合力的可能性。

2021 年《家庭教育促进法》出台，家校共育更受重视，几乎所有的学校都开始创办家委会，都在努力发动家长的力量共同成就孩子。家长们要做的就是不断自我成长，提升爱与养育的能力，然后主动把有效的实践借由学校的平台分享出去，积极参与到学校发起的家校活动中，也可以主动与学校沟通，提出想法，有行动就会有结果。家长不用担心势单力薄，像 Y 同学的妈妈一样，这个过程中一定会有更多同路人，聚沙成塔，微光成炬，一起为孩子铺就一条爱与信任的成长之路。

## 行为上：不站队、不断案，倾听与好奇是冲突的解药

前面提到，小 U 因为被冤枉，公然在全班同学面前顶撞老师，老师向家长告孩子的状，孩子回家告老师的状，家长夹在师生中间，遇到这样的情况应该怎么办呢？

矛盾发生时，家长的角色就是师生间的桥梁，所以一定不要“站队”，也不必当“法官”，这两种做法都是以牺牲亲子关系或师生关系为代价，得不偿失。

下面我们看看家长如何智慧地面对孩子、老师，化干戈为玉帛。

在孩子这里，可以采取“先听后解五步法”，先克制解决问题、下评判、给建议的冲动，与孩子的状态同在。

1. 充分倾听、同理情绪；

2. 展示脆弱，好奇孩子的想法；

3. 用 yes…and…（肯定孩子说的，并给予补充）方法给出建议，与孩子商量；

先听后解五步法模型

4. 把这次挑战变成孩子成长的机会；

5. 一起行动，解决难题。

下面，通过一个教练式对话案例来展示这五步。

## 教练式对话案例示范 – 在师生冲突里学会面对冲突

小 U：老师今天当着全班的面冤枉我，我要去投诉她。我明明在学习，老师就是对我有偏见，做什么都是错的，太不公平了，这个班待不下去了，我要换班，不，干脆转学！

妈妈：哇！居然发生了这样的事！我感受到了你的冤枉和愤怒，和我说说究竟发生了什么？（同理情绪）

小 U：……（带着愤怒委屈讲述事情的经过）

妈妈：我了解了。听上去因为你过去经常上自习课说闲话，老师对你形成了刻板印象，这次你确实在聊学习，但老师也不相信你了。我要是你肯定也觉得特别委屈，感到不公平。（继续同理情绪）你怎么看老师对你的刻板印象呢？（好奇孩子的想法）

小 U：老师应该公正地对待每个人，不应该有偏见，老师应该弄清楚情况再下判定，而不是不分青红皂白地批评人。（发泄完后，情绪平复了一些）

妈妈：我特别同意你说的，我们理想中的老师确实应该如此。你感觉身边哪些老师是你说的这样，对所有人都没有偏见，没有评判？

小U：要说完全能做到的，我感觉确实没有，大部分老师都对学生有偏见，喜欢评判我们，有的老师对我没有偏见，但是对其他人有。（开始思考）

妈妈：是啊，所以听上去大部分老师都不太完美，只是班主任的偏见恰好放在了你身上，所以你特别难受。（同理情绪）像你说的大部分老师都这样（yes...and...），那以后我们可能还会遇到你不太认同的老师，那你觉得转班或转学能永久性解决这个问题吗？

小U：估计也不能，得看运气了，谁知道会碰到什么班主任，也许一个比一个奇葩。（情绪平复后，理性想一想，打消了转学的念头）

妈妈：是啊，有可能。（yes...and...）其实你们班主任也给我打电话说了今天的情况，她主要是挺生气你在全班同学面前出言不逊，觉得挺没面子的。我也能理解她，你发起火来的杀伤力我是知道的。你们俩的心情我都特别理解，我一时也不知道怎么做合适，是该和你一起到校长那儿投诉你们班主任，还是逼你去给班主任认错。你觉得这件事怎么办好呀？（好奇他的想法）

小U：我没做错什么，不道歉。但是我要去校长那儿投诉她，我感觉后面更没好日子过了。我觉得主要还是得让她相信我，破除这种偏见。

妈妈：我赞同你说的。（yes...and...）我突然有个主意，你想不想听？（这种时候孩子是希望有些引导的，家长征求许可，不强加，不说教）

小U：好啊，你说说。

妈妈：你请教同学作业是特别好的，老师冤枉你是老师的不对，你勇敢表达，为自己争取公平特别好，但是方式和语言上确实也伤害了老师的面子。作为一个第三方，两边我都能理解，我的建议是，你明天上学主动找老师单独聊聊。首先，表达当时你的感受，用平静认真的方式再次告诉她你确实在学习，不是说闲话，让老师看到你对学习的态度；其次，对你的出言不逊表示道歉，请老师原谅，下次会用更理性的方式表达；最后，诚恳地表达你的愿望，希望老师能改变对你的偏见，你也会用行动证明。我们看一个人不是看说了什么，而是做了什么。如果你持续做到了，我相信老师一定会对你有更积极的印象。你觉得这样可以吗？（商量的语气）

小U：感觉目前也没有什么其他办法了，可以试试吧。

妈妈：好的，成与不成都告诉我，如果成，以后碰到类似情况我们都这样处理，如果不成，我们再一起想办法。我还想多唠叨一句，无论在学校，还是踏入社会，我们都会遇到自己不太喜欢的人，不喜欢的老师、同学、同事、领导，但很多时候又不得不和他们相处一段时间。面对这种情况，以后你会怎么办？（把难题变成成长的机会）

小 U：吵架和人身攻击肯定解决不了问题，我感觉首先还是得学会让情绪先平静下来，再想想怎么沟通比较好，尽量心平气和地就事论事吧。

妈妈：恭喜你找到了一个很棒的为人处世之道，你说的特别对，就像今天这件事，情绪带来冲突，冲突激化矛盾，沟通的通道就被关闭了，事情反而得不到解决。咱们先做自己掌控范围内的事，平静下来，尽量冷静地表达自己的声音，表达自己的需求和愿望，同时也询问对方的想法和需要。做好自己这部分，你会发现沟通顺畅很多，自己期待的结果会更容易达成。好了，我啰唆到这儿，这会儿你做什么心情会更好一些呀？

小 U：我先吃个雪糕看一集动漫吧，然后还是要把晚自习的作业写完。

妈妈：好的，那我继续去完成我今晚的工作了。

第二天，妈妈上班时接到了老师的电话，老师说："小 U 妈妈不知道你做了什么，小 U 这么快就主动来找我认错了，表达了对学习的重视，我也会多关注他的状态；我后来问了那个和他说话的同学，意识到确实冤枉了他。小 U 是个要强的孩子，对自己也有要求，我当着全班同学的面批评他，确实也让他难堪，我以后也会注意方法，这件事就到此为止了，谢谢你及时的开导。”

小 U 回到家之后，很开心且充满成就感地分享了同样的结果，还说：“其实我们班主任也有通情达理的一面，好好和她说，她也会理解我，相信我。你说的挺对的，遇到矛盾，心平气和地表达，沟通更顺畅，反而能获得自己想要的结果。现在看来，宣泄情绪真是没有必要了。”

面对孩子的情绪，家长要放下说教和建议的冲动，帮助孩子看见自己、理解自己、认识自己，先与自己的情绪和解。这是孩子和老师、和他人、和世界和平相处的起点。情绪风暴过后，解决问题的答案会自然涌现。

接下来，我们看看师生矛盾中，面对老师的“提醒、要求、反馈”，家长如何智慧地掌握对话主动权。

### - 了解老师视角的信息，但不急于表态

当冲突出现时，家长要主动从老师那里了解发生了什么，结合孩子的一些描述，弄清楚老师视角下事情的样子，同时向老师表达孩子的真实感受和反应。

例如，家长可以这样说：“孩子回来情绪很大，说被老师冤枉了，很委屈很气愤，我也不知道事情的原委，想从

您这边了解更多的信息看看如何引导孩子，如何帮助他化解这次冲突。”

### – 了解老师的期待，也表达自己的期待

接下来可以问问，老师希望这件事如何解决比较妥当，在这件事之外，老师近期对孩子有哪些观察和期待。这样做可以帮助家长跳出事情本身，从更宏观的视角了解孩子的发展情况。前面提到过，很多时候师生矛盾的根源是老师的期待和学生对自己的认知不匹配。

这时候家长可以向老师表达自己观察到的孩子最近的情况，要让老师看见孩子的优点、优势，并请老师多多鼓励和认可。比如，老师认为孩子不重视学习，期待他多把心思放到学习上，这学期期末能前进十名。家长知道孩子每天晚上多花半小时去背单词，对学习的态度已经有改变，家长要直接告诉老师。但家长同时也要敢于表达孩子的不足，比如说，孩子学习态度虽然改变了，但上课还会开小差，专注力还不够，家长会和老师一起想办法，帮助孩子扬长补短。

这样家长与老师之间的沟通就是基于当下多元视角看到的事实，全面地看到孩子的优缺点，然后展望未来，把沟通的落脚点引向合力采取行动。家长要避免被当下的冲

突卷进是非判断里，而是要跳出事情本身，回到人身上，回到养育的根本：我们希望培养一个怎样的孩子，孩子此刻需要怎样的支持。然后，家长和老师才能结成赋能孩子的同盟。

每个冲突里都孕育着转机。师生冲突、家校冲突也是三方形成合力的机会，而家长作为师生间的桥梁，作为与孩子生命连接最紧密的人，天然就是凝聚这股合力的魔法师，拥有为孩子成长创造美好的力量。

## 第七章

# 异　性

从紧张到自然，

让恋爱滋养心灵成长

本书一位作者在学校工作的时候，经常会有家长来问：“老师，我的孩子来你们学校之后开始谈恋爱了，你和他说说，先专注学习吧，不要早恋。”

她通常笑着和家长说：“春天到了，百花盛开，和在哪里没有关系。花要开，哪有人为去按住它的道理。”

青春期是人的一个生理和心理上的转变阶段，孩子开始对自己和周围的人产生新的兴趣和情感，会开始发展对某个人的特别喜欢或爱恋，会开始体验爱的感觉。这在青春期是非常普遍和正常的现象，也是孩子进一步认知、理解自我情感需求，发展同理心，学习情绪管理，学习与他人建立亲密关系的关键一步，是成长中必不可少的环节。

“早恋”，准确的说法是“青春期萌芽爱的感受”，其实是个不必纠缠的话题。我们不必压抑早恋，但可以学习如何把早恋变成推动孩子成长、成熟的正向力。

## 青春期孩子关于异性的三大常见难题

### 孩子有喜欢的人了

小 Z 同学 13 岁，情窦初开，对班里学习好、篮球打得也好的体育委员有好感，经常放学看班里男生打篮球，在一旁给体育委员加油助威，有时还会给他买水。课间大家在教室外走廊上休息，小 Z 会找机会靠近体育委员，嬉笑打闹一番。总之，挖空心思希望他能特别关注、回应自己。可体育委员似乎将小 Z 视为普通同学，没有格外关注。几次下来，小 Z 有些失落，开始怀疑自己：是不是我不够好看，个子太矮了，学习不够好？体育委员平常和另一个打篮球的女生关系挺好，是不是喜欢她，觉得和我没有共同语言？是我的什么行为让他感到不舒服了，还是我表达得不够明显，他不知道我的心意？

小 Z 想不明白，内心戏很多，上课的时候常常走神，又常常因为看打篮球晚回家，晚上写作业的时候经常纠结要不要和体育委员表白，但是又怕被拒绝没面子。妈妈感受到了小 Z 最近心思没在学习上，不确定发生了什么，隐隐觉得和早恋有关，但又没有证据，不敢盲目干预，担心直接问让孩子难为情，影响亲子关系，孩子以后反而什么也不和自己说了。

## 孩子和喜欢的人在一起了

两个月后的一天，小 Z 上课收到一张纸条，递纸条的同学说是体育委员给的，小 Z 顿时心跳加快，手有些颤抖地打开纸条，上面写着："谢谢你经常给我买水，加油助威，你是不是对我有些好感呀，放学等我一下，我有话和你说。这个纸条看完就撕了吧。"

爱慕的男生终于给自己回应了，小 Z 激动得大脑一片空白，又充满忐忑，不知道放学会面对怎样的结果。

放学后，小 Z 收获了她一直期待的结果，功夫不负有心人，体育委员向她表白了，这一天她和体育委员正式决定"在一起"。但是学校不鼓励早恋，这事也不能让家长知道，不然肯定要阻拦，两个人决定低调。就这样，每天放学后小 Z 和体育委员一起走到公交车站，在车站聊很久，直到天快黑了才依依不舍各自回家。周末，小 Z 会借和好朋友出去逛街的理由去和体育委员"约会"，看电影，玩剧本杀。一周里可以玩手机的几个小时，小 Z 都在和体育委员发消息。

一个月后的期中考试，小 Z 的成绩有明显下滑，妈妈越来越感到不对劲，开始密切关注小 Z 的行踪，在手机里看到了来往的短信。证据确凿，小 Z 早恋了，妈妈很着急，担心早恋影响学习，决定和小 Z 谈谈，劝她不要早恋，告诉她现在的恋情是不会开花结果的，耽误了学习不值得。可没想到小 Z 非常生气，第一个原因是妈妈偷看了她的短信，侵犯了隐私，第二个原因是小 Z 觉得谈恋爱是自己的事，和父母没关系，也不会影响学习，学校很多同学早恋，没有什么不良后果，妈妈小题大做，干预了自己自由恋爱的权利。小Z还放下话说：无论你们如何阻拦，我们就是要在一起。

看到小Z这么坚决，妈妈又苦恼又担心，感到束手无策。

## 孩子经历了分手，失恋了

又过了两个月，小Z发现最近自己总和体育委员吵架，有时候是因为对一件事的观点不同，有时候是因为班里同学一句挑拨的话语，有时候仅仅是因为一个想吃汉堡，一个想吃麻辣烫。总之，矛盾越来越多。小Z生气的时候会指责体育委员固执、自私，不理解自己；体育委员会说小Z有大小姐脾气，没耐心。吵架之后，小Z好几天情绪都不好，两个人不开心的时候越来越多，小Z觉得心累，刚开始在一起的小确幸、无话不谈的亲密感逐渐远去。小Z希望回到最初的样子。

小Z决定和体育委员好好谈谈，表达自己的真实想法，也许对方会改变。可谁知，这竟成了两个人在这段关系里最后一次对话。这场谈话变成了情绪的宣泄，两个人都生气又委屈地哭了，感觉对方达不到自己的期待，辜负了自己之前的付出，不再想和对方说话。可谁都没有勇气说出分手，谈话就这样不了了之地结束了。

那天接下来的时间里，小Z在课上忍不住地流泪，眼泪打湿了课本，被老师发现，问她怎么了，她说肚子疼。老师给小Z妈妈打电话，请她把孩子接回家。回到家，小Z说要休息，把自己锁在房间里好久没出来，妈妈能听到断断续续的抽泣声，猜到可能是情感问题。

但因为妈妈一直以来不支持的态度，小Z不愿意和妈妈分享发生了什么。接下来的一周，小Z都有些魂不守舍，有两天还说自己很难受，不想去上学了。

看到孩子状态低迷又不愿意和自己倾诉，小Z妈妈焦虑又心疼，于是找到了家庭教练寻求帮助。

这是青少年非常典型的恋爱经历，在家庭教练支招部分我们会为大家支招。

## 家长关于青春期孩子交朋友的三大常见误解

### 谈恋爱影响学习，杜绝早恋

说到早恋，家长最担心的就是：早恋会分散精力，影响孩子的学习与发展，也不会有什么好结果，纯属浪费时间。回到九宫格中，学习、异性是两个重要的宝藏区。学习、谈恋爱是青春期孩子生活中两件重要的事，都支持着孩子自我同一性的发展；两件事各有各的引导方式和关注焦点，家长们先不要急着画等号，下评判，急于棒打鸳鸯。

谈恋爱和学习的关系到底是怎样的，我们可以从以下几个方面来看。

真正影响学习的不是恋爱本身，而是因缺乏处理亲密关系的经验而导致的情绪消耗。就像例子中的小 Z 这样，影响到正常的学习生活。不只是青少年，成年人如果不知道如何处理好亲密关系，也会因为和另一半吵架而愤怒、难过，影响心情，影响状态，继而影响生活和工作。所以亲密关系中“爱的能力”是需要学习的，而青春期正是培养“爱的能力”的启蒙时期。有了积极的爱的体验，孩子的情绪、情感才能变得更积极，心理也会更健康，在未来拥有幸福的亲密关系。

除了培养爱的能力，谈恋爱也可能让孩子提高时间管理能力。如何做到既对学业负责，又为感情留出时间，是家长们可以和孩子一起探讨的。在良性的沟通和共识下，大部分的孩子为了有时间和另一半相处，反而会提升写作业的效率。因为有更值得期待的事在学习之后，之前的拖延症也“自愈”了。

我们看看恋爱对学习可能产生的积极作用：一方面，当一个人感受到爱的滋养时，往往心情愉悦，烦恼的事情和对方倾诉之后，会感到轻松，恋爱的感觉是排解压力的良药。另一方面，受人类进化结果的影响，一个人爱慕的对象一定在一些方面比自己更优秀，这个人会因为欣赏、渴望这些闪光点而被爱慕的对象吸引。校园恋爱里通常会有一方成绩更好，这时，恋爱就成了学习的助推器，因为"我希望变得像对方一样优秀，这样才能配得上"。

如果孩子平常就对学习不上心，缺乏内驱力，甚至厌学，也许谈了恋爱会因为时间精力的牵扯而成绩下降，但不谈恋爱，成绩就会上升吗？并非如此，家长们其实深知，问题根本不出在谈恋爱，而出在孩子处理恋爱和学习的关系上。孩子对学习本身是否感兴趣？学习对孩子究竟意味着什么，孩子的心之所向到底在哪里？九宫格哪里失衡了？这些才是表象背后的根源，这一点在第二章有详细讲解，这里就不展开了。

## 孩子们谈恋爱早晚要分手，谈了也白谈

很多成年人和孩子谈起爱的话题时，总会说这样一句话："现在谈恋爱是没有结果的，还不如不谈，你们这个阶

段的爱还很幼稚，都不算爱，不成熟，等你们长大后才会明白什么叫真爱。”

孩子们纯真美好的爱被成年人这样一句话否定了。没有一个孩子会听进去这番话，孩子也会因为未被尊重而不愿与大人谈论、交流恋爱的话题。

前面谈到了，爱首先是一种感受。而成年人这样说，是把爱的行为和结果与爱的感受画了等号。成年人之所以认为孩子的爱不成熟，是因为孩子在选择恋爱对象时不会综合考虑，未来各有各的路，有交集的概率太小，致使恋爱关系很难长久，分手的后果往往也令孩子招架不住。

其实，抛开这些，孩子在青春期获得的爱的感受和成年人没有什么区别。爱的感受就是怦然心动、小鹿乱撞，看到那个人时既紧张又兴奋，想起那个人时心里既甜蜜又充实。爱的感受没有高低贵贱之分，也没有成熟幼稚之分，只要一个人体会到了爱的感受，那就是真爱。所以家长不要轻视或嘲笑孩子的感受，而是应该理解、尊重孩子，真诚倾听、耐心沟通。

回想一下你自己的第一段恋爱，你会因为没有“修成正果”而后悔吗？如果再给你一次选择的机会，相信你依然会做出同样的选择。

### 上纲上线，严重化与恋爱有关的一切问题

除了关于学习的焦虑，家长们眼里的另一个洪水猛兽是“早恋”等于“早性”。害怕孩子过早发生性行为，害怕孩子保护不好自己，严重伤害身心健康。

其实对于大部分青春期的孩子来说，恋爱的吸引力首先是两个人在一起聊天、玩耍、上学、写作业等等，性行为不是首要的目的。青春期孩子的自我保护意识相比于儿童时期已经很强了，有明确的自我边界感，只要家长和孩子提前沟通过如何保护自己的身体、早性可能带来的不良后果甚至危险，注意观察孩子的行为，适时提醒孩子，这一点不必过于担心。

## 家庭教练支招：做一个好奇的八卦记者

成长是不可逆的，青少年身体发育过程中激素分泌释放，让爱的感受来势汹汹，对此需要疏解而不能堵塞。

所以，父母应对孩子早恋最恰当的方式是，先尊重爱的感受，然后讨论这样的感受会带来什么样的行为，把感受和行为一分为二，再做关联和整合。

关于如何做，这里我们要有点八卦记者的精神。八卦记者如果追到明星的最新恋爱行踪，肯定不会去干扰，而是会饶有兴致地观察、捕捉甜蜜瞬间，然后“吃瓜”。家长不妨试一试：“是不是有人喜欢你啦，快告诉我谁这么有品位。”“你有喜欢的人啦，谁是这个幸运儿，你这么有眼光，这个人肯定很特别，和我讲讲吧！”“你们班喜欢你的可能不止这一个吧，还有吗？他们都喜欢你什么呀，说出来让我这个当家长的也自豪一下，培养了这么招人喜欢的孩子。”找到这个感觉，父母就能够和孩子大方又走心地就“恋爱”话题进行交谈了。

## 认知上：青春期的恋爱是孩子两性关系的重要启蒙

青春期是身体发育和性成熟的阶段，孩子开始对自己和异性身体的变化产生兴趣。这种生理发展会引发心理上对浪漫关系的好奇和探索欲望。

了解孩子因何而爱，能让我们更有效地引导孩子面对感情，帮助他们拥有健康的关系。除了身体发育的原因，青春期孩子谈恋爱还有以下几个重要原因。

### – 单纯的好奇心与亲近欲

这是因好奇心和亲近欲引起的恋爱，大多发生在青春期早期，9 ～ 12 岁。情窦初开的少男少女不由自主地被异性吸引，渴望与异性接触，希望了解异性的心理和生理特点，试图探寻异性的奥秘。

在这种倾向的驱动下，部分青少年开始与异性交往、约会，谈恋爱。由于是受好奇心和亲近欲的驱使，他们的恋爱并不具有自觉的目的性，大多没有认真考虑过为什么要恋爱，以及这段关系会如何发展，会对自己产生哪些影响。这种情况下，孩子容易“朝三暮四”，今天对这个人有好感，过一段时间又换了人。孩子会因为不同原因对不同的人产生好感，通常是因为对方身上有孩子喜欢的某个特质，比如学习好、有某个特长、人缘好、乐于助人，或者仅仅就是长得好看。这其实是孩子内在渴望的一面镜子，孩子所喜欢的别人的亮点正是渴望自己也拥有的。

对此，家长不必慌张，也不用担心孩子花心，这是孩子探索自我、探索两性关系的必经阶段。这时，家长可以和孩子聊聊这些内在的渴望，比如孩子心目中理想的对象是什么样的，为什么这些特点对孩子很重要，孩子如何理解它们。由此，我们可以了解孩子的价值观，并做出适当引导。这样的对话对孩子的自我认知有重要作用，也会让孩子更理性地面对感情。

### - 认真追求爱的感觉，向往爱情的美好

这是青春期恋爱中较为成熟的类型，通常发生在14～17岁。虽然此时的青少年还不能理解恋爱和婚姻的全部内涵及双方的责任和义务，但他们的性意识已超越了朦胧阶段，开始对爱情有了自觉的追求。

这时，他们选择恋爱对象的标准也更综合了，吸引他们的不仅仅是某一方面的特长，而是包括对方的性格、能力、品行、长相等多重因素。

他们向往美好的爱情和浪漫的关系，对恋爱有了自己的期待，对未来生活有所憧憬。因此，他们的恋爱态度是认真的，是渴望专一的，也会投入相当的时间精力去经营、维系感情。在恋爱过程中，孩子会越来越清楚自己在情感里的需要是什么，如何面对情感中的起起伏伏。这样的关系是孩子情感发展的重要资源。

### - 弥补家庭中缺失的爱

进入青春期的孩子渴望独立、自由，自己的能力和需求在提高，同时又往往觉得自己得不到他人理解，与父母、老师存在代沟，引起很多烦恼和痛苦，内心感到寂寞、孤独。

还有许多孩子与家庭关系紧张、疏远，缺少家庭温暖

和亲情，得不到家人的关心、陪伴、理解，心灵和情感都倍感空虚和孤独。有的孩子因父母离异处理不得当，留下了心灵创伤。父母的爱是一个人底层安全感的来源，如果家中缺失这个部分，他就会向外寻求理解和安慰。此时，如果有异性给予关心同情，愿意耐心倾听，或者彼此同病相怜，就极有可能产生爱恋。这种恋爱更多是为了使自己的精神有所寄托，获得情感的慰藉与补偿。

### – 哪里有压迫，哪里就有反抗

这是由于抗拒成人对异性交往的阻碍而引发的恋爱。爱恋之情是青春期自然生发的一股能量，就像一条河流，如果人为阻塞，水流非但不会停止，反而变成洪水暴发。

很多青少年在与父母、老师的抗争中产生了休戚与共的感情，更感到他人都不理解，只有彼此“相依为命”，出现“罗密欧与朱丽叶效应”。对爱情的科学研究发现，当出现干扰恋爱双方关系的外在力量时，恋爱双方的情感反而会加强，恋爱关系也因此更加牢固。

如果家长对青春期恋爱过度敏感或百般阻挠，非但起不到好的教育效果，反而会成为孩子一时冲动去谈恋爱的催化剂，这样的恋爱关系是建立在对抗的情绪基础上，无法促成良性的亲密关系，孩子更容易受伤。

## 行为上：创造对话空间，明确底线，适时引导

### - 创造安全与信任的对话空间

既然恋爱是青春期逃不过的话题，那么家长能做的唯有创造接纳、开放、安全的对话空间，让孩子愿意分享恋爱中的心路历程、喜怒哀乐。保持沟通渠道的畅通，才有机会知道孩子发生了什么、需要什么，才有正向引导孩子的可能性。家长可以用前面提到的八卦记者的方式表达好奇，为孩子有喜欢的人而庆祝，让孩子感受到家长的接纳与开放。家长需要表达，无论发生什么，在家长这里，孩子是安全的，家长就像恋爱军师一样，永远站在孩子这边，在需要的时候，为孩子献计献策。

### - 明确底线，做出约定

父母应该这样告诉孩子："爸妈不反对谈恋爱，但是你不能以牺牲学习为代价，这个过程中我陪着你一起探索平衡好时间和精力的方式。恋爱可以亲密，但是要保护好自己的身体，不做越界的事情，底线是身体的健康与安全。如果另一方有越界的举动，坚决拒绝，第一时间告诉我。"

### - 明确家长作为支持者的身份

父母应该这样告诉孩子："恋爱中会经历伤心、难过、

愤怒等情绪，当你难受不知道怎么面对时，不要一个人内耗，告诉我，我们一起看看如何去面对。恋爱的过程也是逐渐了解自己情感需要和喜好的过程，无论有怎样的感受，都不要觉得羞耻、难为情，我们可以一起探索，在妈妈/爸爸面前没有什么不好意思的。”

下面，我们一起跟随小D同学的恋爱全旅程，看看关键场景下可以如何开展关于恋爱的对话，并把恋爱经历转化为成长的正向力。

## 教练式对话案例示范－激活恋爱正向力

14岁的小D有喜欢的人了，不知道要不要表白，感到很纠结，来找家庭教练求助。教练从中正的角度，不带预设和评判地倾听小D的想法，让小D自己选择是否要表白，并在小D提出需要的前提下，分享关于“谈恋爱”的中肯建议，帮助小D恰当地表达自己的感受，不执着于结果，也为可能出现的不同结果做好心理准备。

教练：最近你常常提到S同学，感觉这里有故事呀。（八卦的语气）

小D：啊，有嘛，还好吧。（害羞，不好意思）

教练：和我说说你怎么看S同学的。（继续八卦）

小 D：嗯……她挺好的，学习好，在班里有人缘，挺开朗的，唱歌也挺好听的，长得也挺好。（害羞但忍不住表达欣赏）

教练：哇，你这么有眼光，你喜欢的人肯定是优秀、有个性的，有照片吗，我瞅瞅。（贯彻八卦精神）

小 D 拿出照片，教练一顿夸赞好看有气质，小 D 有品位。

教练：那你是就想远远欣赏，还是做好朋友也可以，抑或是想去表白，争取个恋爱的机会？（询问孩子的想法，尊重孩子的选择）

小 D：其实我还是挺想尝试谈恋爱的，那种感觉应该挺美好的，但是不知道怎么表白，万一被拒了就太尴尬了，教练你有什么建议吗？（纠结又渴望的眼神）

教练：欣赏你想主动表白的勇气！建议倒是有，你觉得有用的就用，有不清楚的我们可以再讨论。（以朋友的状态给出建议，不以成年人的权威身份强迫孩子接受）首先，你可以找个你们俩独处的空间向她表达，不要让他人听见，可以直接表达你的好感，你欣赏她什么，你期待能有更多机会和她相处，更多了解她。然后，问问她对你的感觉，这里要特别注意，不要急于说谈恋爱，确定关系，这样对方压力会很大。最重要的是，了解她对你的感受。

接下来会有三种结果，你都要做好准备。第一种，她对你也有好感，那皆大欢喜，你们可以开始花更多时间相处，顺其自然，边走边感受，什么时候确定恋爱关系，希望关系是怎样的，你们自己来决定；第二种，她模棱两可，没有给明确回复，告诉她不着急，你只是表达你的感受，如果她想好了，可以随时告诉你，无论什么结果，你都能接受，希望不影响同学关系；第三种，她拒绝了，无论是什么原因，都尊重她的决定，也不再纠缠，谢谢她告诉你，祝她之后找到自己喜欢的人。

小 D：好的，那我下周找个放学的时间，单独和她聊聊吧……

教练：祝好运呀，等着你的消息。再说一句，特别重要，如果被拒绝了，你也不要认为是你不好，不要否定自己，谁都没错，只是不适合、不匹配，正好成全你把机会留给真实适合的人，对吧。（帮孩子做好预防，不要因为结果妄自菲薄、自我评判、伤了自尊）

小 D 收获了期待的结果，两个人在一起了，两个月后确定了恋爱关系。大部分时候两个人挺甜蜜，但最近产生了矛盾。

小 D：教练，怎么办，我俩今天大吵了一架，她说要分手，我现在好烦啊，谈恋爱好麻烦……

教练：看到了你的为难、生气，感觉还有点委屈呢。没事儿，军师在此，有啥都可以告诉我，我们一起看看怎么办。

（不急着下评判、给建议，先看见和接住孩子的情绪）

小 D：最近我准备一个比赛，有点忙，她有几次给我发消息，我没及时回复，但是我肯定在 24 小时之内回复的，她就特别生气，说我根本不在乎她，说我满足不了她的情感需要，要和我分手。不管我怎么解释，她都不理解、不原谅我。（眼睛泛红，泪花闪烁）

教练：听上去你俩都挺委屈的，也有些误解。（理解孩子，教练不做评判者，不评判谁对谁错）我还感觉到你是在乎她的，不想分手，所以会拼命解释。你还是希望和好，是这样吗？（听到他内心的渴望，从这里入手）

小 D：是的，虽然她不理解我，但是我也舍不得分手，她还是有很多优点的……

教练：她需要你的及时回复，但是你也有比赛要准备。你们在满足自己的需要和满足对方的需要上有些难以平衡。她说你满足不了她的情感需要，你觉得她真正需要的是什么？

小 D：她就需要我能多陪她，多听她说话吧，她爸妈经常吵架，她心情不好，觉得每次和我聊天她心情会好些。

教练：你给了她很多情感支持，她在脆弱的时候也需要你（肯定认可），你希望继续在情感上支持她吗？（主动权给孩子）

小 D：挺希望的，能帮到她我也挺开心的，毕竟在一起就要相互帮助嘛。（情绪平稳了很多）

教练：说得特别好，那你觉得能做什么同时照顾到两个人的需要？

小 D：我觉得我可以先回复她我收到了，现在在上课，在其他时间给她回电话，再好好聊……

教练：特别好的方法，我补充一点；如果你还在乎她，主动给她发条信息，先用文字的方式，避免打电话容易情绪化，告诉她你对她、对你们关系的感受，同时表达你的需要，希望她也理解。把这个方式分享给她，看她是否接受，也欢迎她提出其他可行的办法。办法总比困难多，告诉她你相信一定会找到解决办法的。

小 D：好的，那我先写一下发给你，你再帮忙看看好不？

教练：没问题，军师帮你帮到底。（让孩子感到安全）

一天后，小 D 告诉教练他已成功化解了这次危机。S 同学意识到自己有时容易激动、任性，说了很多气话，也有不对的地方。

如何满足对方的需要，同时也照顾好自己的需要，是孩子们在恋爱中必须面对的问题。学会超越负面情绪，真实表达与沟通自己的需要，是终身受益的能力，会让孩子拥有良性循环的关系。恋爱里的危机时刻，恰恰是家长们可以发挥引导与教育作用、给孩子提供心理安全感的重要时机。

但特别注意，家长此刻依然应该抱着开放、好奇的心态，不要直接下论断、给建议。先听孩子的想法，相信孩子知道怎么做，通过教练式的提问引导孩子主动思考，再叠加自己的建议，让孩子感到自己有解决问题的能力，主动权在自己手里。这样会增强孩子面对日后困难的信心，培养孩子自主解决问题的能力，也让孩子更愿意为自己的选择负责。这些都是恋爱经历带给孩子成长的美好礼物，成长这条路上主角是孩子，需要孩子自己去经历感受。家长不要因为急于帮助孩子摆脱困境而剥夺他们独立思考、增长智慧的机会。

三个月后，迎来中考，此时小D决定去国际学校读高中，S同学继续留在公立学校。这对小情侣前景渺茫。

小D：教练，我们俩选了不同的路，9月开学就在不同的城市了。我们俩都觉得异地谈恋爱会很难，她又很需要人陪，我肯定没有那么多时间了。该怎么办？

教练：你们觉得会很难，具体会有哪些挑战呢？（帮助孩子看清困难）

小D：我们的休息时间很难凑到一起，没有太多时间沟通了；她有很多情感上的需要，我转学了，新环境有很多新挑战，我感觉心有余力不足，可能给不了她想要的；我俩都比较喜欢线下相处的感觉，不太喜欢发短信、打电话。

教练：你分析得挺有道理的，你们的关系会迎来新的挑战，那你怎么想？是分手还是想办法克服困难也要在一起？（把可能的情况抛给孩子）

小D：其实，我感觉这样肯定不会长久的，但是现在我俩都还不想分手……

教练：现在不想分，那就不分。我们一起看看如何面对这些挑战吧。你有什么想法吗？

小D：肯定还是抽时间交流，尽量多交流，交流的质量高一些吧……

教练：嗯，看来你会为此做积极的努力，最坏的结果可能是什么？（帮助孩子预演结果，做心理准备）

小D：那就是分手了……

教练：什么情况下你会决定分手？

小D：如果我尽了全力，还是不行，感觉难受的时候多于快乐的时候，不享受这段关系了，那还不如结束。

教练：你会怎样？（对结果做心理预期）

小D：可能还是会难过的，但理性上能接受，毕竟这么多困难。分开了对大家都好。

教练：很成熟的想法，那你准备怎么和她说？

小D：我就坦诚地告诉她，我会努力的，但是万一不行，我也接受，也希望她不要太难过，提前有个心理准备。毕竟现阶段我们都是学生，给不了彼此什么承诺。

两个月后，小 D 告诉教练，和女朋友和平分手了，两个人都努力了，感到很累，很消耗，分开对彼此都更好。虽然分手过程有些悲伤，但整体是平静的，小 D 也认为自己做了对的选择。教练也和他分享了自己的初恋经历，让他看到分分合合是正常的。

教练：我特别想恭喜你（为成长庆祝），恭喜你完成了人生的第一次恋爱，完整经历了恋爱的全过程，而且做到了和平分手，这是很多成年人都难以做到的。

小 D：谢谢军师给我出谋划策！

教练：其实大多数时候，是你的决定（让孩子有胜任感），恋爱这件事是你的事，我只是做了些小补充。你觉得经过这一程，你有什么经验会带到之后的关系中？

小 D：首先，我知道怎么面对矛盾冲突了，不能带着很大的情绪，不要推脱责任，也没必要辩解，要理性表达自己的需要，也尊重对方的需要，一起想办法解决。还有就是爱情不光是浪漫的，也有很多黑暗的时刻，两个人的匹配程度也很重要，不然要花好长时间磨合，下次再开始一段关系会更谨慎，考虑更全面些。

教练：学会了如何更好地应对关系里的冲突，点赞！在这段关系里你对自己有什么新的发现吗？

小 D：我发现我很擅长倾听和安慰别人，能提供满满的情绪价值，以后说不定可以做心理咨询师；我还发现我的情绪管理能力变强了，心理承受能力越来越强了，不会因为一点事就生气或悲伤，很多事也没有那么严重。以前我觉得分手不可想象，现在真的分了，其实自己也能承受。

教练：那这样的你，会如何面对下一段感情？

小 D：我可能还是希望选择情绪更稳定一些的对象，太多负面情绪的宣泄，有时候觉得自己像个垃圾桶，不是很喜欢。而且，我想等到上大学再谈恋爱，现在学习紧张，其实没有太多时间恋爱，大学更稳定了，大家未来的路更相似了，更有可能长久地在一起。

教练：听上去，你希望恋爱是通向长久的关系，是婚姻还是什么？（探索、树立恋爱观）

小 D：对！我还是希望之后有稳定的感情，好好维系，顺利的话能结婚最好。不想随便谈谈，感觉浪费自己的时间也浪费对方的时间。

教练：赞同你说的，看出你对爱情认真的态度了。也祝贺你在这段感情中对自己越来越了解，面对关系越来越成熟，心态越来越稳定，这些能力和恋爱本身同样重要。爱是一种能力，而不仅仅是一种意愿，恭喜你爱的能力在增长，未来一定会收获美满长久的爱情的。

在孩子情窦初开的年纪，家长们能做的最负责的事情，就是给予一个独立的灵魂充分尊重、平等沟通、陪伴见证。

教练式养育的核心：人变大

第八章

# 娱　乐

从沉迷到自我管理，
走进青少年的娱乐时间，
一起变“废”为宝

我们来看看一位青少年典型的一天和一周。我们称他为小轩，上初二，14 岁。每天早上，小轩 7 点左右就会拖着没有睡醒的身体爬起来，简单吃点东西，赶着去学校。在学校里，小轩大部分时间都是安静地坐着，听老师讲课，读指定的书，写指定的作业。小轩有时会开小差，幻想自己真正想做的事情。课间休息 10 分钟，如果老师拖堂，小轩上厕所都需要跑着去。大课间休息，时间长些，但为了安全及预防投诉的发生，学校对学生的跑跳和追逐打闹有限制。放学回家后，小轩忙于写作业、复习、预习，到晚上 10 点多甚至 11 点都是正常现象。

周末，小轩稍微睡个懒觉，就忙着参加各种校外补习班，确保学习进度能早于学校，这样成绩才能不掉队或领先其他同学。周末两天，小轩可能还会被安排些时间，去巩固所谓的兴趣爱好或特长，例如钢琴、舞蹈、游泳等，确保从小坚持的兴趣爱好不会半途而废。父母觉得，小轩现在所付出的一切努力，都是为了六年后能顺利进入一所理想的大学。

不管学习效果如何，小轩每天的时间基本都被学习和作业挤满。到了周末或其他被允许可以玩手机的时间，小轩就会一头扎进手机，玩得忘记了约定。父母就会产生一系列担心：眼睛近视了怎么办？孩子沉迷于电子产品怎么办？网络上有不适合青少年看的内容怎么办？一边是父母的担心，另一边是小轩的呐喊：我这么辛苦，我休息一下怎么啦？！

以上是家庭教练经手的案例，涉及青少年讲座中经常会被问到的问题。我们尝试提供的一个视角是，孩子玩电子产品不是问题，有问题的是孩子的休闲娱乐里有且只有电子产品。

如何看到沉迷电子产品的青少年背后的需要是什么？如何让电子产品成为青少年在AI时代下成长的工具？如何利用电子产品锻炼孩子自律的能力？如何丰富青少年生活的体验，让他们张弛有度地学习和娱乐？我们会在本章讨论这些问题，提供一些答案。

我们先看看在娱乐问题上，青少年视角下的挑战和父母视角下的一些难题及误解，最后从家庭教练视角给出一些参考解法及案例分享。

## 青春期孩子关于娱乐的三大常见难题

### 手机我都玩腻了，但是不玩手机我可以干嘛

作为成人，我们工作累了，放松的方式可能是看电影、逛街购物、喝酒、朋友吐槽、刷手机、做SPA、健身、户外运动等等，能选择和支配的方式比较多样化。作为青少年，

因为内卷的环境及学习的压力，他们能自由支配的娱乐时间本身就比较少。就算某个孩子有时间找朋友玩，在小区转一圈或在同学群问一圈，能有时间一起玩的人少之又少。

小 A 同学告诉家庭教练，他其实不喜欢玩游戏，短视频也刷到想吐，本来想借手机来放松，结果刷了几个小时后更加头昏脑胀，没有充电的感觉，反而感觉漏电了。但是他不知道放下手机能干什么。只有上课和补课时，小 A 才会遇到同学，但是学校上课课间没有太多时间来聊天，和补课的同学又没有太多的交流。回到家，父母可能还在加班。小 A 喜欢打篮球，但是每次都约不上人。他想在家养一只猫或狗来陪伴，父母又觉得很麻烦，拒绝了。小 A 说，我的世界只剩下手机，但我还是感觉好无聊。

其实，小 A 需要的是陪伴和生活的丰富多样。父母可以创造一些家庭互动时光，例如家庭吐槽大会；创造一些美好生活体验，例如一起做美食；创造一些机会让小 A 与朋友相聚，例如父母搭台子青少年聚会；创造一些对真实世界的探索，例如从孩子的兴趣入手。这些都可以增加生活的体验和丰富度。

## 虚拟世界比现实世界更好玩

在现实世界里，学习填满了青少年的大部分时间，但很多学习内容和现实缺乏直接连接，会让青少年缺乏学习的价值感。例如，古文在生活中大多数时间用不到，数学根号在生活中也很少出现。很多时候，青少年感受到的学习价值，是和负面体验相关的。例如，青少年经常听到这样的说法：如果学习不好，将来就找不到好工作。与学习关联的不是成就感和愉悦感，而是压力、恐惧等负面情绪。青少年找不到学习的美好体验和价值感，被学习占据主角的青春期生活也变得枯燥无味。

而虚拟世界不仅刺激，还非常多彩，吸引力远远大于现实世界。

小 B 高中寄宿，每周周末回家。周末除了吃饭离开自己的卧室，其他时间小 B 都关在房间。他说，线上虚拟世界比线下更有吸引力。他喜欢做游戏中虚拟人物的上帝，按自己的喜好塑造角色，看着虚拟角色在自己的控制下一步一步走向成功，他觉得非常有掌控感和成就感。另外，他在游戏中成功了，会有通关即时激励，就算没有成功，还能重新来过。不像现实世界，每一次考试，他都紧张得喘不过气来。线上世界还非常自由，不会有现实生活中不停的唠叨和这样那样繁多的规则和要求。

其实，小 B 需要的是成就感和价值感。家长需要多从生活、学习和交友等方面入手，让青少年获得肯定认可，找到自己的价值感和成就感。

## 如果我不会，我就交不到好朋友

现在的青少年属于一出生就与网络时代无缝衔接的数字原住民。他们受数字信息技术、智能电子设备、泛娱乐文化、体验经济、自媒体等影响比较大，娱乐方式多样化，例如密室逃脱、狼人杀、桌游、网络游戏、网络小说、二次元、选秀 Pick 爱豆、短视频、QQ 聊天等。这些娱乐方式不同于传统的娱乐方式，不仅有休闲放松的作用，还起着重要的社交功能。这里的社交功能不仅指在线上能交到有共同兴趣爱好的朋友，还包括线下与同学和朋友交流获得归属感。“如果我参与不进同学们讨论的话题，大家自然不带我玩，我会觉得孤立、自卑。”有不少青少年对我们这么说。

小 C 平时不太出门，最喜欢的就是二次元动漫，这在妈妈眼中属于不务正业。说起家庭中亲子关系也堪忧时，妈妈声泪俱下。小 C 告诉家庭教练，班上女同学按二次元、三次元，甚至二次元中的某些小圈子分类，大家相互之间井水不犯河水，基本上不相互往来。教练问她，在二次元的世界里，什么最吸引她？从她的回答里，教练发现，像她这样的青少年在二次元里都有一个“自我人设”，这个人设是自己渴望、欣赏但可能暂时不具备的优秀特质的集合。这和青少年追星类似，他们认为那个人身上具备的很多特质是自己欣赏的，代表了自己。这个“自我人设”也很像前面章节中讲到的自我同一性中的“理想的我”，用一种代表性的方式来表达“我是谁”，寻求心理上的满足。而且，在一个圈子中，他们有共同话题，也能获得很多来自同伴的认可。

其实，在二次元世界里有小 C 寻找并表达我是谁的需求，也有小 C 寻找同伴和社交的需要。如果亲子关系还不错，父母可以通过了解青少年欣赏的二次元人物或偶像来了解他们是谁，让他们有被理解和被看见的感觉。在这个基础上，父母可以引导孩子在现实生活中利用共同的兴趣爱好交友。父母还可以围绕二次元等孩子感兴趣的话题吸引孩子参与讨论，让孩子看到自己的优势和特质，将自己的优势和特质迁移到其他方面。

## 父母关于娱乐的三大常见误解

### 电子产品是万恶之源

电子产品确实是当下最集中的家庭矛盾爆发点，已成为全社会关注的话题。最常见的电子产品包括智能手机、平板、电脑、电视、游戏机、智能手表等。2023 年发布的《2019—2022 年心理学与心理健康热点研究主题》显示，“网络与游戏成瘾”是我国心理学研究热度第一的领域，该主题在全球心理学热点主题中排名第二。

电子产品能产生正向的作用，例如通过互联网获取更多教育资源，扩大视野；电子产品也带来了学习方式的多样性，提高了孩子的学习效率，增强了孩子的学习兴趣。与此同时，电子产品也带来了很多负面行为，例如熬夜、拖延、人际交往回避等。但电子产品并不是万恶之源。用一个比喻来形容，电子产品就像青少年的雨棚，为了躲避暴风骤雨，青少年会躲进雨棚，但雨棚不是问题本身，为什么躲进雨棚才是需要去面对和解决的问题。

除了关注行为本身，父母更应该去关注行为背后的需求和动机。以玩游戏为例，玩游戏是行为，孩子玩游戏的需求是什么呢？以下是玩游戏的四种常见需求：

1. 孩子在游戏里有找寻同伴的需求，游戏里有好朋友相互激励。如果不玩，同伴之间可能缺少话题，进而使孩子在现实生活中缺少朋友。这类需求的解法是帮助孩子增加社交及和同伴的连接。

2. 玩游戏带来成就感，且成就感能被及时满足。现实生活中青少年经常受挫，或者做得好的地方没有被及时肯定和看见。这类需求的解法是父母可以在现实生活中增加一些趣味性和挑战性，从孩子擅长的地方入手增加成就感。

3. 玩游戏本身没那么有趣，但是现实生活太无聊了，完全没有趣味性，缺少陪伴。这类需求的解法是增加孩子现实世界的丰富度、趣味性和连接感。

4. 现实生活中到处受挫，做作业好难，学东西好难，不知道怎么解决，到游戏中逃避。这个时候，父母需要找到真正的困难或孩子不想面对的事情，陪着孩子找办法一起面对和解决。

所以，电子产品是问题，但不是真问题，是“因果”中的果而不是因。

我们应该看见行为背后真正的需求和动机，每一个看上去不合理的“负面行为”背后都会有一个正面的动机或需求。

## 娱乐应该也是有营养的

娱乐，按字面意思理解，就是快乐有趣的活动，核心就是获得放松和快乐。英文是 entertainment，也可翻译成“款待”，我们可以理解为：把自己当作受尊重的客人一样款待，目的是获得快乐的体验，增加生活的情趣。

教练技巧里，有一个技巧叫作“留白”。好的教育，是需要“留白”的教育。而这个留白，很多时候是由娱乐来填充的。父母应该适当地让孩子自我发挥，给他一定的时间去玩耍、想象、思考和体验，让他成为一个身心愉悦、体验生活美好、热爱生活的人。教育的本质不是筛选，是活出幸福的人生。

小时候，孩子们通过自由玩耍学会交朋友、解决问题、克服恐惧、学会规则等等。自由玩耍是人的本能，而学会本领、获得成长是自然而然的结果。孩子成长为青少年之后，很多的玩耍和娱乐被剥夺或者被功利化。

小 D 说自己变得越来越宅了。小时候，他喜欢每天踢球后回家，后来因为作业完成得比较晚，爸妈觉得踢球占用时间影响学习，逐渐减少了他的运动时间。后来父母又因为踢球的同学里没有成绩特别好的，彻底停掉了这项运动。小 D 约朋友来家里，一起玩游戏，在房间里嘻嘻哈哈。爸妈觉得这样的聚会一点意义都没有，还不如一起逛书店或者一起做点“有意义的事情”。

小 D 抱怨：爸爸下班躺沙发上拿着手机刷短视频，妈妈累的时候就去做 SPA，为什么到我这里，娱乐放松都需要有价值和有意义。

其实，很多时候我们在意的意义或价值，只是“浅层的知识”。也可以在“玩”中学习，这是孩子们发挥想象力和创造力，将内在想法与外部世界融合，找到自己了解与应对世界行之有效的方法。踢球的时候展现的团队协作，一起游戏时展现的人际互动，作为主人招待客人的社交礼仪等，也都是青少年在现实世界的体验和学习。

AI 时代，我们过往看重的背诵能力、解题能力、收集分析处理信息的能力会被人工智能取代，再厉害的人都难有超过计算机算法的速度与精准度。而人类的想象力、创造力和社交能力才是 AI 永远无法代替的，也是让孩子在未来世界闯出一片天地的能力。

## 希望孩子有好的娱乐方式，自己却乏味无聊

很多父母说：

“我也希望我的孩子能德智体美劳全面发展，希望他的生活丰富多彩……”

“我希望他能热爱各种运动，尽情挥洒汗水……”

“我希望他能有艺术细胞，即便达不到钢琴十级，也能欣赏音乐会，懂得音乐的美好……”

“我希望他能热爱生活，去大自然观察四季的变化，感受生命的力量……”

但是父母自己呢？有些父母什么娱乐爱好都没有，柴米油盐、房贷车贷，让他们背负生活的压力和责任，在夜深人静的时候刷会儿手机，就是难得的享受了。

当下青少年的父母主要是80后。80后确实是时代特征比较明显的一代人。在一场与青年的交流会上，白岩松曾说这么一段话：80后的父母没有积累那么多财富，既要有物质方面的追求，也要承担来自孩子精神方面的诉求，非常拧巴和挣扎。

父母不容易，他们希望给予孩子自己没有的东西，却往往不知道怎么做。

其实，娱乐要求没有那么复杂，核心是创造生命的体验、快乐和满足感。父母可提供一份娱乐清单，如果青少年不愿意和父母一起娱乐，至少可以先在家庭生活中融入一些能带来小的幸福的活动，让家庭生活轻松和丰富起来，少一些压力，多一些色彩。

可参考的娱乐清单如下：

- 和孩子一起做一道甜品
- 和家人来一场狼人杀
- 和家人一起策划一趟旅行
- 一起做一次手工 / 搭一次乐高
- 一起培养一个兴趣
- 吃饭时相互分享一些有趣的故事和笑话
- 一起搭帐篷烧烤
- 一起看电影
- 一起散步分享故事

- 向孩子请教当下好玩的网络词汇
- 请孩子介绍或教会一个新的游戏
- 各自约朋友一起玩耍

…………

## 家庭教练支招：透过现象看本质

青少年的娱乐活动其实是丰富多彩的，但父母常担心孩子沉迷游戏和短视频而忽略了学习，担心孩子追星过度且花费过量，担心孩子沉浸在二次元世界离真实世界越来越远，担心娱乐影响孩子的身心健康，等等。就像树叶卷了，我们不能靠手掰来让树叶舒展，要解决问题，我们需要先在认知上看到娱乐现象背后的本质。

### 认知上：娱乐背后是孩子的正向需要

#### – 认知 1：电子产品是组成青少年多维娱乐系统里的一部分，但只能是一部分

就像成年人，工作累了会找朋友唠嗑吐槽、逛街消费、健身、做 SPA。当青少年学习累了，需要休闲娱乐时，除

了电子产品，他还有什么选择？如果不玩电子产品，他可能完全不知道该干什么。这时，父母需要调整青少年的生活系统，甚至需要调节整个家庭的生活系统。

### －认知2：在每种娱乐行为背后，都有正面的需求和动机

娱乐背后普遍的需求有：

- 无聊打发时间
- 体验纯娱乐
- 逃避现实
- 渴望表达自我
- 同伴社交
- 及时正向的激励
- 审美及扩大认知
- 释放压力充电
- 归属与爱
- 成就感及价值感

可以对比看看，你的孩子每一项娱乐背后对应的是什么需求。

### －认知3：管理电子产品，亲子关系是基础，培养孩子的能力和习惯是目标

电子世界包含了多个虚拟世界，很丰富完整，充满了

趣味。父母想影响孩子，需要先从了解开始，而平等、信任、沟通顺畅的亲子关系才让了解有可能。如果亲子关系需要更多调整，请先回到第一章。

很多父母经常纠结，到底给不给孩子电子产品娱乐时间？如果给，多少时间合适？其实，重要的不是时间，而是通过这个过程培养孩子对电子产品的管理能力和使用习惯。你的孩子使用电子产品的习惯是怎样的？他是否已经具备或需要具备的能力如何？父母如何帮助孩子意识到良好的习惯的重要性，并逐渐培养习惯？培养习惯的过程，一定不是一蹴而就的。

## 行为上：有多维的娱乐 + 有约定的预防 + 有质量的疏通

### – 有多维的娱乐：丰富的娱乐系统

娱乐的核心目的是给孩子充电，创造丰富的生命体验，增加生活当下的满足感和连接感。娱乐还可顺带发展他们的人际交往能力、问题解决能力、情商等。所以娱乐的丰富性和多样性就显得尤为重要。

关于如何进行娱乐，九宫格的其他维度也可以起到支持作用。

1. 利用同伴扩展娱乐的丰富性，例如因为好朋友爱踢球，跟着一起踢球。

2. 用兴趣爱好及兴趣爱好的心流填补娱乐时间。这里的兴趣不一定是父母认为的兴趣，关键在于投入过程中是否充满创造力，例如画画。

3. 娱乐中部分“消耗性娱乐”可以变为“创造性娱乐”。例如，有的青少年不仅玩游戏，还自己设计游戏；不少青少年看完网络小说，会有自己创作小说的想法和行动。

4. 参考前面的娱乐清单，可以一起创建青少年或家庭娱乐清单。

5. 请青少年写下自己的愿望清单。

小 E 虽然学习不错，但是和父母关系不太好。她和爸爸关系特别差，属于基本不讲话的状态，因为爸爸经常加班，少有时间沟通和陪伴她。家庭教练邀请小 E 写下自己全年的十条愿望清单，条件是每个愿望都是自己真正想要的，且每个愿望哪怕很小，也不是轻易就能实现的。写完十条后，父母挑选从哪一条开始，陪着小 E 一条一条实现。小 E 从最开始的抗拒、不相信，到配合，再到最后一起创造，小 E 和整个家的生活都变得丰富有趣起来。她的愿望清单里有：不被唠叨地喝完一大杯冰珍珠奶茶，能看到某个男团的演唱会（前提是能买到票），考试后能不被约束地玩三天，能养一只可爱的狗，等等。当年全家人一起实现了看某个男团演唱会这一愿望。一家人一起查票，一起紧张地抢票，一起赶到异地看演唱会，这些都成为她那一年最温暖幸福的事。

### - 有约定的预防：有效约定，核心在于培养青少年自控能力及电子产品使用习惯

在有了多维度的娱乐系统之后，我们谈谈如何通过约定来支持青少年形成电子产品管理能力及习惯。这个约定适合青少年拥有电子产品的早期。因为最开始建立习惯是容易的，如果已经形成一些习惯再重新调整，执行过程会更加曲折和反复。

很多父母说，我和孩子约定了，但是他做不到、不自律。这可能是因为约定没有做透或者共识不够。

我们先提出约定手机的“三权分立”的概念。三权指的是手机的所有权、使用权、保管权。

很多父母问，孩子要买手机，给买吗？孩子的朋友都有了，父母比较难做到不买。青春期的孩子需要有物权和隐私空间的概念，所以所有权属于孩子，密码只有孩子知道，不能强行偷看孩子的手机，这些都是合理的。因此，使用权也应属于孩子，父母使用需要征得孩子同意。但保管权可以全部或部分在父母这里。

例如，孩子周末每天可以申领 1 次，使用 1 小时，使用结束后定时给到保管人。

可能有些父母会问：我们不是要锻炼孩子的自律和自控能力吗？为什么不给他们自己保管？自律需要分步骤：第一步是能做到定时还给父母，第二步是周末自己保管但时间不超额，最后再过渡到移交保管权。除了培养习惯和能力，教育的本质是陪伴孩子逐渐建立面对生活的各种能力。

- 约定什么？

手机、iPad、电视，可统称为屏幕时间，父母应该尽量一并考虑在整体电子产品使用时间的范围内。不然，以孩子们的高智商，他们会玩文字游戏或钻空子。同时，电子产品在周末使用时间的约束上尽量针对全家，而不是只针对孩子一个人。

同时，除了约定可以使用的时间，也可以约定可以申领的次数，以及时间到后如何归还。例如，可以约定是孩子主动归还，还是父母直接拿走。

父母还可以约定好，按时归还对后续申领的影响，让孩子逐渐形成“自律给我们自由”的概念。

- 如何约定？

父母可以给孩子分享管理屏幕时间的意图。例如父母可以对孩子表达：爸爸妈妈希望你能充分地享受电子产品时间，同时形成好的习惯。父母不应该直接告知什么对什么错，而应和孩子充分讨论电子产品的利弊，例如和孩子一起共创利弊各 20 条。

在讨论时，父母应该先尽量站在孩子的视角去看待电子产品的趣味性和功能。基于这种客观和友好的氛围，再提出约定的目的和意图。父母的目的不是监督孩子，而是陪伴孩子自控地玩耍和成长。

约定参考流程如下：

1. 头脑风暴利弊：一起讨论电子产品带给孩子的好与坏。数量越多越好。

2. 父母表明约定意图：例如让孩子能很好地玩，同时也不影响他的睡眠和学习，还能培养他的自律能力和习惯。

3. 约定“三权分立”：所有权、使用权、保管权分立。

4. 约定细则：例如屏幕时间、申领办法、归还办法等。还可以约定若用一周时间做到，父母和孩子怎么庆祝。

电子产品管理的本质是希望培养孩子的能力和习惯，和孩子一起面对生活中遇到的问题。所以，请父母把电子产品与其他事情解绑，避免把电子产品当作学习及其他事情的奖惩手段。例如，孩子有时候调皮了或犯错了，父母说：“取消你这周的 iPad 时间。”这样单方面解约，既不利于约定双方平等关系的持续及约定的执行，也让电子产品管理失去了最初的意义。

这就好比我们上班，一遇到问题，领导就来一句，“我扣你这周的工资”。这不仅会打击我们的积极性，还很容易令人心生反感。

同时，我们也不倡导用电子产品时间作为奖励和交换的条件，例如孩子今天作业做得快，妈妈让他多玩儿半小时，例如孩子这次要是考100分，妈妈给他增加半小时。这样的奖励机制很容易失去约定本来的目的和方向。

### – 有质量的疏通：基于倾听和好奇的沟通

有很多父母会说，我们约定了，可是孩子还是会出现违背约定的情形，孩子还是有不符合家长期待的时候。这个时候怎么办？此时，父母可以不着急评判和责备，而是带着好奇和倾听来沟通，看到青少年背后的需求，利用孩子自己的渴望和资源找到解决问题的可能性。这需要用到教练技巧：倾听。

在教练活动中，倾听分为两层，分别是“第一层倾听”和“第二层倾听”。第一层倾听聚焦于“我”，就像自己和另一个人在舞台上，无论对方说什么做什么，聚光灯都打在自己身上，我们在意的是自己的判断、想法、观点、决定等。例如，父母回家看到孩子在玩手机，问出的问题是：

“你今天做什么了？”可能都没等孩子回答，父母脑海里已经有了答案，比如“孩子一直在玩手机”“孩子不学习怎么可能考好”“孩子又撒谎骗我”等等一系列先入为主的想法。以这样的方式倾听，实际上父母听不进孩子说什么，也不好奇。第一层倾听的好处是能快速掌握信息，支持家长的判断和决策，但问题是听不到对方真正的声音，沟通是单向的而非双向的，更无法激发孩子自己的想法和动力。

第二层倾听聚焦于“你”，就像自己和另一个人在舞台上，倾听者放下自己的评判和结论，把聚光灯一直打在对方身上，好奇对方的感受是什么、他遇到了什么、他的需要和渴望是什么、他被什么给困住了等等。整个过程在于对对方的全然相信和好奇。可能有的家长说，他就是玩手机不遵守约定了，我怎么相信他？这里的相信不是指对行为的相信，而是对孩子这个人的相信，相信他是一个渴望向上向善的孩子，相信他的每个行为背后一定有一个正面的意图或需求。父母应该带着这样的相信，去倾听孩子的心声，陪着孩子一起找到解法。第二层倾听的好处是，父母可以听到孩子自己的声音，拉近亲子关系，陪着孩子面对及解决问题，但难点在于父母需要放下自己的主观判断，带着全然的相信和好奇。这需要很多刻意练习。最简单的刻意练习是，每次和孩子对话的前三分钟不发表任何意见，只听孩子表达，还可以加上几个问题来了解孩子更多的想法。

在接下来的案例中，家庭教练通过倾听和提问支持休学的孩子打开话匣子，找到了复学的切入口。我们一起看看家庭教练是如何通过第二层倾听进行沟通的。

## 教练式对话案例示范－我不想读书，想把打游戏当作职业

小 F 想休学，和父母提出未来可以走电子竞技之路。父母带着孩子找到了家庭教练。教练先和孩子建立了安全、信任的关系，然后好奇打游戏背后孩子的需要，与孩子讨论哪些能力可以迁移到其他领域，借游戏支持孩子探索自我及未来自驱的目标。

教练：你玩的游戏里最有趣的部分是什么？（不评判，好奇地提问）

小 F：5V5 的玩法，5 个人组成一个战队玩。

教练：看上去你很注重团队协作，你在里面主要打什么位置，扮演什么角色？（继续好奇地开放式提问）

小 F：辅助，但是能控制局面，提供高输出，持续输出和保护。

教练：打好你这个位置，主要需要哪些能力？

小F：好的心态、团队协作、观察能力、全场控场能力等。

教练：听上去你像团队的一个领导者。

小F：算是吧……

教练：你的领导力是在游戏里锻炼的还是以前生活学习中也有？

小F：游戏里也有，以前也当过班长。

教练：班长你好呀，那你以前在别人眼里是什么样的班长？

小F：人缘比较好。不过现在我已经不是了，也不想读书了。

教练：条条道路通罗马。我可以了解下，你不想读书是因为什么？（接纳，教练没有评判读书和打游戏哪条路更好）

小F：读书枯燥、无趣，看不到尽头。这条路不好走。

教练：你说这条路不好走，能形容一下是什么样的一条路吗？如果能用比喻更好。

小F：就像一个石头阶梯路，数不清的石头阶梯，枯燥无味，所有的人都在往上爬，都不知道为什么往上爬，看上去一直都是台阶的路，看不到头。

教练：你的形容好形象，你在路上是什么样的呀？

小F：两眼无光，看不到未来，被烈日晒得焦头烂额。

教练：那确实蛮辛苦的。那打游戏是一条什么样的路呀？

小F：迷雾中的路，看不清楚，应该是爬山的过程。

教练：那你在迷雾中，是什么样的？

小F：像只四肢不太健壮的鹿，但是除了在迷雾中，爬山能呼吸点新鲜空气，也不知道可以干啥。

教练：听上去，呼吸新鲜空气是很必要的。除了新鲜空气，你还需要什么？（好奇孩子电子竞技背后的需求）

小F：有其他动物陪着，有景色和生气，有食物，能长大。

教练：如果长大，你不是四肢不健壮的鹿，你希望是什么？

小F：一匹健壮的马，能奔跑在大草原上，有食物，能长大。

教练：你说了两遍需要食物长大，你长大是要长成什么样子？（从现状逐渐过渡到理想中的未来）

小F：未来能养活自己，不要一直没有意义地内卷，最好身边有很多志趣相投的朋友。

教练：哇，你说到了每个青少年都会遇到的问题，就是自我认知和职业探索。就是未来做什么工作既可以赚钱养活自己，更能感受到价值感和意义感。那你愿不愿意我们下次一起测试并聊下，除了电子竞技，还有哪些职业可能实现你想要的目标，且能让你不断长大。如果选定是电子竞技，也可以发挥你的优势，让四肢不健壮的小鹿能快速长大。

小F：好啊。

后来，教练和小 F 一起做了霍兰德职业兴趣测试，并在测试基础上深入探讨了他的优势、价值观、兴趣等，确定了未来的职业目标。其实，小 F 的职业方向并不是电子竞技，电子竞技只是满足了他建立人际关系和发挥领导力优势的需求。通过明确职业方向，小 F 明确了学习目标和能力目标，他也逐渐知道成绩好并不是目标，实现自己的职业理想和想要的未来才是自己的目标。在教练陪伴下，小 F 找到了学习的动力，并利用“甜蜜小步子”的方法逐渐回归到学习、生活各方面的正循环。

# 第九章
# 偶　像

从盲目到榜样，
发挥偶像正向的力量

小A同学最近迷上了某个男团，上课偷偷看娱乐杂志，一拿到手机就刷他们的视频，疯狂收集海报和周边，把零花钱都投进了打榜和粉丝后援团的各种应援活动；买东西质量不重要，只买代言品；谁也不能说“爱豆”的坏话，口头禅是：你骂我可以，不能骂我爱豆。她关注着偶像的一举一动，每天的话题三句话离不开偶像动态，小A的心情也跟着男团新闻起起伏伏。

父母很着急，孩子的心思全都飞到明星身上，学习成绩也下降了。重点是，父母看不出这些着奇装异服的男团究竟有什么优点，让孩子如此疯狂着迷，父母担心孩子会受到负面影响。

信息化时代，各种资讯唾手可得，孩子们作为数字时代的原住民，被各种选秀节目狂轰滥炸。孩子们开始追星的年纪变得越来越小，现在小学生都会有喜欢的流行偶像或流量明星；随着经济的发展，孩子手里的零花钱越来越多，也给了他们追星的“资本”。

德国教育学家福禄贝尔说过：“教育之道无他，唯爱与榜样而已。”榜样的力量是强大的。优质的榜样会引人向好，激发孩子的内驱力，提高自我要求，所以父母大多希望孩子的榜样是时代楷模，或是有真才实学、有影响力的成功人士，而不是他们在追的那些流量明星。那么如何引导孩子找到真正的榜样并让他们理性追星，成了最棘手的难题。

其实，孩子喜欢偶像也蕴藏着许多成长的契机，这一章我们一起来寻找办法。

## 青春期孩子关于偶像的两大常见难题

### 卷入网络饭圈文化，不可自拔

饭圈文化是当代青少年追星的大本营，是粉丝经济主要的体现形式之一。简单来说，“饭圈”就是一群因为共同喜爱某个明星、乐队或虚拟角色而聚在一起的粉丝群体。他们有自己的语言体系、规矩和活动，形成了一个独特的亚文化圈。从互联网到线下，饭圈就像是学校里的小圈子，只不过这个圈子里的“朋友”，可能遍布天南海北，甚至跨越国界。

在这个圈子里，粉丝们可不是简单地听听歌、看看剧就算了，他们组织严密，分工明确，有负责组织活动的后援会，有专攻数据分析的数据组，还有制作美图、视频的“站子”。

在线上，他们疯狂打榜、控评，让偶像的名字在热搜上霸屏；在线下，举办见面会、演唱会、歌友会、生日会，甚至是为偶像做公益活动。一句话，为了心中的那份热爱，粉丝们几乎无所不能。

饭圈文化往往因为强烈的商业运作属性和缺少规范化管理的自发性，对当代青少年产生负面影响。

## 未意识到饭圈文化对青少年的负面影响

### – 价值观偏失

饭圈是个大本营，也就是个阵营。在这个阵营待久了，粉丝都像是战场上的战士，自然形成了党同伐异、非黑即白的思维逻辑以及行为方式。粉丝之间言语污秽的骂战是日常，因此而产生的网络暴力甚至人身攻击也比比皆是。孩子们的价值观在一次又一次的骂战中逐渐变形，这会对他们的心理健康造成伤害。

饭圈活动的种种造势、打榜需要粉丝投入大量金钱，作为阵营中的一分子，做贡献换取归属感的心理可能会驱使孩子们撒谎，以买学习资料、学校要捐款等等为借口让父母给钱，甚至不吃早饭攒钱买周边。这些也会推着孩子走向拜金主义或影响青少年的金钱观。

### – 成功观错位

现在流行的“选秀文化”和综艺节目热衷于打造平民偶像的做法，让很多孩子梦想着一夜成名。很多孩子认为只要长得可以，会唱会跳，就有成为明星的机会。孩子们可能会觉得，与其现在苦哈哈地上学以后苦哈哈地给人打工，还不如参加节目成为万众瞩目的明星。孩子们妄想着走捷径就能取得成功，名扬天下，尽揽财富。大人们都知道没有人能随随便便成功，如果没有真才实学，虚幻的成功会在一瞬间崩塌。但青春期的孩子对世界的认知和对成功的认知往往还停留在理想化的阶段，只接受自己喜欢的东西，容易活在自我幻想中。对饭圈中的孩子而言，明星梦就是这个幻想最吸引人的版本。

### – 是非观扭曲

在狂热的、非理性的“饭圈青少年”眼中，自己的偶像是神一般的存在。偶像不会犯错，即使偶像犯了错，有道德瑕疵，他们也愿意相信偶像是有苦衷的，是情有可原的。饭圈中充斥着大量非理性的为偶像辩护的声音，长期在这样的环境浸染下，孩子们容易善恶不分，扭曲是非。

### – 精力消耗

这点不用多说了，为了支持偶像，孩子们可能会花费大量时间和精力参与饭圈活动，如打榜、投票、控评等。这些活动既影响孩子的精神状态，也影响学业和生活。

– 信息茧房

青少年在饭圈中可能只接触到与偶像相关的信息，加上如今各个平台的大数据推流，孩子们只能看到自己喜欢看到的。活在“信息茧房”中，难以获取多元信息和观点，这会限制他们独立思考与批判性思维的能力。

虽然不是每个追星的孩子都会深陷饭圈文化，成为受害者，但当孩子出现追星行为时，家长们要留心观察他处在怎样的饭圈文化中，他的言行是否有前面提到的那些特点。如果有，就需要及时干预和引导。我们会在后面介绍具体的方式方法。

## 家长关于偶像的三大常见误解

### 喜欢偶像等于疯狂追星

其实大部分情况下，当孩子说某某人是我的偶像时，父母不必过度担心，不必马上和沉迷追星画等号。

回想我们自己小时候，不也喜欢过那个年代的偶像吗？

或许还不止一个。普通的热爱不等于长时间沉迷，孩子们对偶像的崇拜会从刚开始的痴迷到理性的喜欢、关注，偶像也会像走马灯一样来来去去。这个时候孩子喜欢追求新鲜感，喜欢明星赏心悦目的外貌，喜欢追星时视觉听觉上带来的兴奋感。这是青春期大脑对多巴胺的需求所致，不是孩子完全可以控制的。但是如果家长因为担忧而经常干涉、阻碍，那么孩子反而会刻意反抗，为了彰显自主而去追星，这时候追星更强的动力是与你的对抗。家长的焦虑、恐惧可能会强化孩子的追星行为。

## 追星影响学习

这真不一定。孩子有天然的正向生长力，他们对偶像的喜爱，很多时候是因为偶像带来的正能量，这时偶像像青春期迷雾里的一束光，引领着自己。孩子也会因为偶像把自己不敢说或者不知道怎么说的心底话说出来，觉得偶像好像在替自己乃至自己这代人发声。

有一次，教练和一个 11 岁的孩子聊学习，教练问她，如果你学习遇到困难，想放弃的时候通常会怎么办。她告诉教练，她的偶像说过：在追寻梦想的时候，也要把本分的事情做好。她会用这句话提醒自己，学习是现在最本分的事儿，她的偶像唱歌拍戏那么忙，假期还是会去补课。想到这里，她觉得自己要像偶像一样，不能放弃学习。

教练问她未来的梦想是什么。她说：她的偶像说，一生太短，要去闯荡，去尝试，用双手触碰事物的温度，用双脚走遍千山万水，怀着纯粹的赤子之心，去爱这个五彩斑斓的世界。她虽然不完全理解这句话的意思，但是希望可以走遍世界，去体验不同的人生。

“因为你那么优秀，所以我也想变得优秀。”这也是偶像真实的力量。

但如果孩子疯狂追星，尤其喜欢一些负能量、消极厌世的偶像，并影响了学业，那不是孩子出了问题，而可能是家庭出了问题。家庭可能没有给予孩子充分的爱与尊重、关注与聆听。孩子内心感到压抑、孤独，被忽视，不被理解，充满了负面的情绪。这个时候，孩子特别容易同频相吸，被负面能量的偶像吸引。他们往往有着类似的成长经历，同病相怜让孩子更依恋这样的偶像。

这是我们一定要进行干预的情况，但千万不要责备与批评孩子。这是警醒我们需要改变亲子关系、互动模式了。此时，家长需要关注孩子的情感和心灵，用家庭的温暖和爱转化这些负面情绪，多陪孩子做喜欢的事，多问问他内心的想法和感受，多一些鼓励，少一些责备，多一些理解，少一些要求，多一些接纳，少一些评判。孩子内心感受到了爱，就会充满阳光，那些负能量的偶像会自动退出其生活。

## 偶像必须是伟人、成功人士

小 Q 同学特别喜欢某个流行唱作歌手，花了不少钱买这位歌手的专辑和周边。父母一直不赞同，有一次争吵厉害，一气之下撕掉了小 Q 贴在卧室里的数张限量版海报。爷爷也大声呵斥说，要崇拜偶像就要崇拜伟人和成功人士，这些人才值得崇拜。小 Q 愤怒又委屈，以离家出走相逼，最后不得不撤下了屋里所有的海报。小 Q 几乎一个月没和父母说话，回到家里摆出一副生无可恋的样子。父母一度以为孩子抑郁了，可小 Q 背地里更疯狂地攒着明星周边，还报复性地第一次偷了妈妈的钱去买明星画册。

小 Q 的父母和许多父母一样，企图用上一代对偶像的标准来规定孩子应该崇拜谁，结果必然失败，还反噬了亲子关系，并为追星进一步推波助澜。

我们必须承认，孩子生长的时代和父母不同，偶像呈现出来的样子是带着时代烙印的。如果我们放下偏见和过来人的高姿态，再来看这些新时代的年轻偶像，会发现他们同样有着任何年代偶像共通的特质：卓尔不凡的创造力、吃苦耐劳的精神、展现自我个性的能力、引发共鸣的影响力和为梦想付出的行动力。

如果父母善于引导孩子看见偶像身上的这些闪光特质，展开讨论，分享各自的理解，思考偶像如何与孩子的生活相结合，那么偶像崇拜就成了拉近亲子关系、支持孩子成长的绝佳机会。

## 家庭教练支招：让偶像成为正向的榜样

### 认知上：偶像是内在渴望的投射

孩子追星除了前面提到的需求，还有以下几个主导原因：

- 身份认同与归属感的追求

青少年时期是孩子通过外在的身份来认识内在的自己的关键时期。青春期的孩子希望通过外界对自己的认知、评价来彰显自己的个性。喜欢某个明星就像是自己个性 / 喜好的宣言，也是最快速融入同龄人圈子的方式之一。

性格有点内向的小 Q 同学新转学到某学校，父母和她都担心交不到朋友，可谁知因为她的书包上缝着某明星的大头贴，快速吸引了同班粉丝主动前来认识她。孩子们因为明星八卦迅速打开了话题，很快就成了一起吃饭、上体育课的好朋友。共同的粉丝身份，让小Q很快获得了同伴的认可，快速获得了身份认同和归属感，很快融入了新环境。

### – 追星追的是理想中的自己

心理学家弗洛姆认为，对偶像的崇拜是人们将自己理想化的幻想在现实社会的一种投射，这种心理在青年时期会被放大。青春期的孩子逐渐脱离对父母的依恋，准备走向独立的人生，开始思考自己要成为一个怎样的人、自己想活出怎样的人生。而偶像就是这种内在渴望的投射。

换句话说，孩子们崇拜的明星身上一定有他们渴望拥有的特质。也许是长相、是自信、是自律、是创造力、是艺术天赋、是幽默、是高情商等等。明星活出的是一个"理想版本的自己"，一个比现实中的自己更美好的样子。这里藏着孩子对自己成长的期待，也是孩子构建自我同一性的过程。如果家长能够细心了解孩子被偶像的哪些特质吸引，就有机会深入了解孩子内心的渴望，与孩子讨论他希望活出怎样的人生，希望在哪些方面提升自己，然后支持孩子发展这些能力与特质，努力活出理想的自己。

当孩子把关注力放在自我提升上，在行动中感受到离理想的样子越来越近，孩子越来越自信，对偶像的投射就会减弱，自然不会再那么狂热了。

### – 缺少安全感，把偶像当作精神寄托

小 K 同学很崇拜某个团体组合，她说是因为成员的关系都特别好，像家人，相互照顾，又彼此加油打气，她很羡慕。事实上，小 K 的父母常常出差，情感交流很少，在学校里她也没有要好的朋友能说说真心话、相互鼓励支持。小 K 是孤单的，是缺乏安全感的，所以她把大量时间用来追星，她喜欢的那些歌手所唱的歌词非常容易引发她的共鸣，像是自己心声的表达，帮助自己宣泄了情绪。小 K 觉得追星是在疗愈自己，慰藉内心的孤独。而后来，小 K 的父母在教练的帮助下意识到了这一点，开始做出改变，每周组织一次全家人的出行，主动和小 K 分享自己的工作，关注小 K 的情绪状态，积极倾听、陪伴。三个月后，小 K 追星的狂热程度大幅降低，依然关注偶像动态，但不痴迷、不沉迷。

偶像就像孩子内心的一面镜子，帮我们更深地看见孩子，了解孩子的内心世界，在孩子需要的时候扶他们一把。

## 行为上：接住渴望，用“偶像”开启自我认知、探索未来的对话

父母关注到孩子开始崇拜偶像、追星时，应该先放下好坏对错的评判，放下焦虑担心，和孩子聊聊“偶像”这个话题。如何聊？可以从以下三个方向展开：

### – 交换偶像

父母也是从青少年时期成长而来的，也有过偶像，甚至现在还有。家长可以通过讲述自己年轻时的追星经历、当时的心情，让孩子感受到，父母理解追星的心情，追星也是成长的一部分，不必回避父母，完全可以与父母分享。父母可以这样告诉孩子：“我也跟着你时髦一把”“和我分享一下你们现在喜欢的偶像，这样我也不会太落伍”。这样就打开了孩子主动与父母分享的通道，及时给予孩子必要的支持和引导。

### – 陪孩子一起追星

父母可以多花一些时间了解明星，和孩子分享明星的一些正向新闻、社会活动，一方面进入孩子追星的圈子，让他觉得“同频”，和孩子拉近心理距离，另一方面有意识地引导孩子更多关注明星身上的闪光点。父母甚至可以利

用假日和孩子一起去看演唱会，讨论音乐视频，一起看明星新剧等。父母可以借此机会观察、引导孩子的行为。另外，这个过程其实可以增进亲子关系，让孩子感受到家人的爱和支持，避免孩子把感情过多寄托在偶像身上。当偶像出现负面新闻时，亲子之间要适时地讨论（不是批判），家长可以问问孩子如何看、为什么这样看、这件事的其他处理方式等等。这样就把负面新闻变成了帮助孩子发展批判性思考与分辨力的机会，避免孩子因盲从而误入歧途。

### – 对追星达成共识

父母做到了前两点，孩子就知道父母的态度不是批判与否定，这就有了探讨规则的心理空间。父母需要与孩子就追星的安全范围与边界达成共识。例如，支持偶像必须衡量自己的经济能力，要量力而为。父母会在哪些方面给予经济上的支持，在哪些方面不会。追星应该在不影响日常学习和生活的前提下进行，父母可以与孩子订立一些追星的规则，比如上课认真听讲、下课完成作业之后，孩子才可以看偶像的视频。当孩子和同学、朋友相约去参加追星活动时，孩子需要提前告知父母，让父母知道活动时间地点、同行者有谁、几点结束等，以保护自身的安全。

我们也需要和孩子达成共识，孩子如果没有遵守约定，可能的后果是什么。这个后果要有一定的严重性，孩子才会足够重视。但这个后果也不能影响孩子的身心健康，不能叫“惩罚”。比如，孩子在约定的时间外去上网追星，后果就是陪爸妈做一件爸妈喜欢的事（而不是罚抄 100 个英语单词）。如果父母发现孩子不吃早饭，把钱省下来去买明星周边，那么父母下个月就停发零花钱。一旦破坏了约定，孩子就一定要承担后果，不容商量。这样规则才会真正有效。

### – 和孩子一起挖掘明星身上的优点，内化成自己的特质

明星能走到聚光灯下，为人所喜爱，一定有他的过人之处。父母可以和孩子一起挖掘这个明星身上的闪光点，然后用这些闪光点来激励孩子，引导孩子关注这些人成功背后的努力、独特的品质，和孩子的真实生活、梦想相关联，帮助他们将明星的品质内化成自己的特质。

我们通过一段教练式对话看看具体如何做。

## 教练式对话案例示范 – 从追星到追逐自己的梦想

教练在和小 T 见面之前，听她妈妈说她喜欢某个唱跳明星，很崇拜，平常都看她的视频，还会买该明星的周边。

小 T 的妈妈感觉小 T 有点沉迷，希望教练能帮助引导一下。

第一次和 12 岁的小 T 见面，教练就直接用偶像做了话题切入。

教练：我像你这么大的时候特别喜欢 ××（明星），你有喜欢的明星吗？我挺好奇现在的青少年喜欢什么样的偶像？

小 T：（声音激动）有啊，我特别喜欢 A。

教练：不好意思，我大概落伍了，还真不太了解 A 呢，能给我介绍一下不，你为什么喜欢她呢？

小 T：首先因为她好看，唱歌跳舞特厉害，有自己的风格。而且说话声音好听，很温柔……（显出崇拜而憧憬的样子，说了大概两分钟）

教练：这样的人确实很吸引人呢，感觉你很有品位（欣赏认可），能给我看一段视频吗？让我感受一下？（好奇孩子所爱，拉近和孩子的距离，让她愿意分享更多）

一起看视频的过程中，教练赞扬这位偶像唱跳确实很好，让孩子感受到两人之间有共鸣。

教练：哇，真的很棒，那你刚刚说的是一些外在能看见的特点。她有什么内在肉眼看不见的特点吗？比如一些性格、品质、人格魅力之类的？

小 T：当然有，她很有理想，说以后一定要去 ×× 大学（某世界名校）读音乐系；还有她情商很高，每次团队成员有

矛盾，她都能解决，我觉得很厉害！（这里有孩子的渴望和需要）

教练：你真的是真爱粉，了解得这么细致（肯定认可），你刚才说她想上 ×× 大学就很有理想，你怎么理解有理想呀？（开始转移到小 T 身上，帮助小 T 探索、认知自我）

小 T：就是对人生有方向吧，考个好大学，能做自己喜欢的事。

教练：那你的理想是什么？

小 T：我想先找到我喜欢的方向或者专业之类的，考个好大学。（完全没提想去做明星）

教练：那你也很有理想呢，而且很具体，上大学是五年之后的事，那为了实现这个理想，这五年你觉得什么是一定要做的？（回到当下，回到具体的行动）

小 T：那我先得考上个好初中，现在得把数学再提高 20 分；还有就是我其实不太知道什么方向适合我，老师要是能带我探索一下就最好了。

教练：没问题！我陪你一起探索，帮助你实现你的理想。你刚刚说到 A 还擅长解决矛盾，听上去你觉得这项能力很重要，为什么呢？

小 T：哎，我其实经常和我好朋友吵架，我俩矛盾不少，我不知道怎么处理。（眼神黯淡）

教练：好朋友闹矛盾特别正常（正常化），也是让彼此更了解对方的机会，那 A 是怎么处理的呢？

小 T：她好像情绪总是很稳定，特别冷静地说事实，摆观点，也不会愤怒，然后也给别人表达的机会……

教练：听上去你好像知道怎么做了，下次如果有矛盾的时候，要不要想象一下 A 上身，你就是 A，用 A 的方式去和朋友沟通，看看会怎么样？

小 T：“A 上身”，这个我喜欢，好！我试试！（开心地笑了）

几周后，小 T 告诉我，“ A 上身”真的好用，这一个月都没和好朋友闹矛盾，破了和平相处时长的纪录。

不难发现，偶像可以为九宫格里的其他维度（这里是学习、同伴）助力，家长带着这个系统的思维和开放的心态，细心聆听孩子的心声，稍作引导，就把偶像的正向力释放出来了。孩子在青春期会有不同的偶像，不同的偶像有不同的闪光点，这些多元的气质恰恰是帮助孩子多元化探索与发展自我的绝佳机会，能够帮助孩子成长为集多种优秀品质于一身、独特又闪光的自己。

# 尾声

养育的旅程，从来不是一条笔直的航线，而是一片充满可能性的森林。寻宝之路至此，希望你已经找到了属于自己的指南针——教练式养育的思维与心法——它不会替你决定每一步该怎么走，但会让你在迷雾中看见心的方向，在疲惫时重拾爱的力量，在冲突中找到联结的桥梁。

教练式养育不是一套技巧，而是一种看待成长的全新眼光：孩子的每一个“问题”，都是成长的邀请函；父母的每一个困惑，都是蜕变的契机。

那些看似“走弯路”的日子，那些让孩子自由探索的留白，那些你选择先倾听而非给建议的停顿——正是生命悄悄埋下礼物的时刻。

你或许已经发现，放下“修理者”的角色，转而成为孩子生命的见证者与协作者时，那些曾令人焦虑的冲突，会自然转化为亲密关系的密码；那些看似“不够好”的瞬间，是生命在显示出它独特的韵律。

希望这些文字已在你心中播下了种子——关于信任的种子，关于可能性的种子，关于生命自有其智慧的种子。

养育中最珍贵的宝藏，从来不在远方的理论里，而在你们彼此照亮的每一个当下——当你以教练的心陪伴孩子时，生命早已为你准备了双向的馈赠：孩子的成长，也将成为你的重生，带着刚刚淬炼过的觉察与温柔，去拥抱那个比想象中更丰盛的自己吧。你和孩子的故事，永远是生命中最美的旅程。

# 致 谢

生命走到这里，感谢父母，是他们尽全力托举，让我们有机会接受到好的教育，无论他们是否是我们理想的父母，都是我们此生最好的父母。

感谢我们的孩子，他们是真正无条件来爱我们的人，这份纯粹而持久的爱让我们学会了如何去爱。

作为家庭教练，感谢给我们机会去陪伴成长的孩子、父母和家庭。是你们的敞开与信任，让我们得以见证一个个生命觉醒、家庭觉醒的伟大力量，让我们一次又一次被生命天然向上与向善的本自具足深深震撼，这份觉醒的生命力可以改变一个家庭、一个家族、一个国家，乃至整个世界。

这本书能出版，特别感谢中国人民大学出版社的丁一编辑，他对教练技术应用在教育领域的浓厚兴趣让这段千里马遇上伯乐的美好故事成为可能。

感谢我们的团队：项目统筹的圆满、插画设计师小路、模型图设计师师艺，校验书稿的方淇、若冰、老范、亚红、子沁、刘郁、国耀、雨村，还有许多从世界各地贡献智慧与爱的蒲公英导师及教练和学员们。我们不仅合作完成了这本书，也在教练与养育知行合一的路上彼此陪伴、相互启发，用教练的方式激发人的潜能和善意，推动教育生态的良性进化。让家回归爱，让教育回归人。

行笔至此，我们也想对自己说声感谢，我们义无反顾地追随灵魂深处的召唤，开辟了一条教练与养育融合的创新之路，过程并不容易，但我们还是很感恩做这件事，并且从来没有一刻因为遇到困难而失去过信心与热情。

最后，感谢你们，我们亲爱的读者，愿这本书成为大家养育路上的温暖陪伴，与孩子在生命的旷野上以爱相伴，一路生花。

## “教练式养育”给我们家带来了哪些改变

大女儿进入青春期后，我渐感与她沟通困难，因为我在养育方面的缺位、焦虑和拔苗助长，我们之间的关系一度差到她希望父母离婚而无需见到我的地步。我在这样的情况下开始学习成为教练式父母和家庭教练，我学会了聆听和理解孩子，和孩子建立平等的沟通关系，我开始尊重和相信孩子，给孩子更大的生长空间，孩子的自驱力也随之逐渐生根发芽，活出了绽放的生命状态。

国耀 | 13 岁女孩儿的爸爸，北京

庆幸我在老大初三中考失利时遇到蒲公英，成为教练型妈妈。放下学业焦虑，真诚信任、欣赏孩子，我们成为无话不谈的朋友，就这样我陪伴他走过高中三年。如今，他已是自信阳光的独立青年：自主申请大学，走到哪里都能结交到新朋友，令家人骄傲又安心。我带着这份理念陪伴小儿子继续成长，他现在是一个高情商的小暖男，带给身边人幸福和快乐。教练式养育，是信任与欣赏的力量。

Sophie | 18 岁男孩和 6 岁男孩的妈妈，安徽省宣城市

成为教练型父母后，我觉得自己最大的心态转变是从控制转向连接，更多深度聆听……很多时候更重要的是见证孩子的喜怒哀乐，而不仅仅是修正问题。信任孩子的本自具足和事物的自然发展。提供自省和一起觉察反省的空间（这点还在努力！）。

现在我更重视育儿的过程而非结果，放下焦虑和思维定式，在养育过程中滋养孩子的全人发展，和孩子一起成长。虽然不完美，但我们都在一起努力。现在女儿愿意和我说心里话，也愿意直接给妈妈反馈，帮助妈妈看见自己，变得更好！

一瓦 | 12 岁女孩的妈妈，加利福尼亚州旧金山

我从未像现在这样，如此热爱母亲这个角色。一个能和孩子自在嬉笑怒骂、共创幸福的教练型妈妈。教练式养育的学习，是我在女儿青春期做出的最成功选择！它不仅助力我这个单亲妈妈轻松跨越离婚震荡期，更是将“玩游戏”“不补课”的女儿顺利送入理想的高中，让我困惑与焦灼的内心得到极大的释然。

雨村 | 15 岁女孩的妈妈，四川省成都市

学习教练式养育前是老虎爸爸，之后是熊猫爸爸。我这个一生要强的男人，学会示弱和表达了。从忽视和排斥情绪到觉察情绪，再到管理情绪，实属不易。现在当情绪猛烈的时候，我能停下来，静一静，这个留白很难，但很重要。有了这些，就能和女儿保持一个信任、坦诚、平等的亲子关系，能够和妻子保持一个顺畅真诚的沟通渠道，能够给这个家庭营造和谐温馨的氛围。当看到女儿从一堆价值观卡牌里抽出她觉得重要的是“家庭”，我就明白，所有的努力和改变都是值得的。

老范 | 11 岁女孩的爸爸，重庆市

我有两个青春期的女儿，养育之路充满挑战，自从做了教练型妈妈后，我会巧妙地提问，用心地聆听，不随意做评判，我们之间的爱更加充盈起来。我的小女儿有自闭症和注意缺陷与多动障碍（ADHD），我非常好奇她丰富多元的世界，用教练式方法探索和聆听她内心的渴望，帮助她树立信心，让她知道她的与众不同会给世界带来很多创新，她像一棵独特的生命之树在被理解的光中滋养长大。我也通过教练赋能自我成长，成为一名 ADHD 教练。 在我眼里教练就是用生命点亮生命！

于涛 | 14 岁和 16 岁女孩的妈妈，英国剑桥

从“养育一个听话的孩子”到“陪伴一个笑得出来、活得真实的孩子”，我和孩子一起成长，一起在剑桥留学，在彼此支持中，活出了各自的节奏与精彩。我是我，他是他，而我们，是彼此最坚定的后盾与共同探索世界的伙伴。

Tina｜22 岁男孩的妈妈，无锡 & 纽约

**图书在版编目（CIP）数据**

教练式养育：九场关键对话托举孩子的一生 / 石思宇，范丽萍著. -- 北京：中国人民大学出版社，2025. 10. --ISBN 978-7-300-34379-2

Ⅰ. G782

中国国家版本馆 CIP 数据核字第 20250W80J3 号

**教练式养育：九场关键对话托举孩子的一生**

石思宇　范丽萍　著

Jiaolianshi Yangyu: Jiu Chang Guanjian Duihua Tuoju Haizi de Yisheng

| | | | |
|---|---|---|---|
| **出版发行** | 中国人民大学出版社 | | |
| **社　　址** | 北京中关村大街 31 号 | **邮政编码** | 100080 |
| **电　　话** | 010 - 62511242（总编室） | | 010 - 62511770（质管部） |
| | 010 - 82501766（自营网店） | | 010 - 62514148（明德书店） |
| | 010 - 62511173（销售部） | | 010 - 62515275（盗版举报） |
| **网　　址** | http://www.crup.com.cn | | |
| **经　　销** | 新华书店 | | |
| **印　　刷** | 北京联兴盛业印刷股份有限公司 | | |
| **开　　本** | 889 mm × 1270 mm　1/32 | **版　　次** | 2025 年 10 月第 1 版 |
| **印　　张** | 8.875 插页 1 | **印　　次** | 2025 年 10 月第 2 次印刷 |
| **字　　数** | 143 000 | **定　　价** | 59.00 元 |